놀면서 익히는 어린이 경제 습관
여덟 살 리니의 팡팡 경제랜드

초판 1쇄 발행 2025년 12월 20일
글쓴이 최미나 ＼그린이 송수혜

펴낸이 이영선
책임편집 김문정
편집 이일규 김선정 김문정 김종훈 이현정 조유진
디자인 김회량 위수연
독자본부 김일신 손미경 정혜영 김연수 김민수 박정래 김인환
펴낸곳 파란자전거 ＼**출판등록** 1999년 9월 17일(제406-2005-000048호)
주소 경기도 파주시 광인사길 217(파주출판도시) ＼**전화** (031)955-7470 ＼**팩스** (031)955-7469
홈페이지 www.paja.co.kr ＼**이메일** booksea21@hanmail.net

ⓒ 최미나·송수혜, 2025
ISBN 979-11-94797-19-7 73320

파란자전거는 도서출판 서해문집의 어린이 책 브랜드입니다. 페달을 밟아야 똑바로 나아가는 자전거처럼 파란자전거는 어린이와 청소년이 혼자 힘으로도 바르게 설 수 있도록 도와줍니다.

어린이제품안전특별법에 의한 제품 표시
제조자명 파란자전거 ＼**제조국** 대한민국 ＼**사용연령** 6세 이상 어린이 제품
▲ **주의** 책의 모서리가 날카로우니 던지거나 떨어뜨려 다치지 않도록 주의하세요.
KC 마크는 이 제품이 공통안전기준에 적합하였음을 의미합니다.

놀면서 익히는 어린이 경제 습관

여덟 살 리니의 팡팡 경제랜드

최미나 글 | 송수혜 그림

파란자전거

돈과 연결되어 일어나는
세상의 모든 일을 배워요!

여러분은 '경제'라는 말을 들어 본 적 있나요? 왠지 뉴스에서 나올 것 같고 어른만 쓰는 어려운 단어처럼 멀게 느껴져요. 하지만 주위를 둘러보면 경제는 여러분과 아주 가까운 곳에 있어요.

집 앞 편의점에서 아이스크림을 고를 때,
명절에 할머니께서 용돈을 손에 꼭 쥐어 주실 때,
'땡그랑!' 저금통에 동전이 쌓일 때처럼 말이죠.

이 모든 순간에 경제가 숨어 있답니다. 경제는 돈과 연결되어 일어나는 세상의 모든 일이에요. 곧 만나게 될 여덟 살 리니와 도니와 머니의 흥미진진한 이야기를 통해 여러분은 경제가

무엇인지 알게 될 거예요. 이야기가 끝나고 나면 퀴즈를 풀 듯 게임을 하듯 배운 내용을 재미있게 따라 해 볼 수도 있어요.
리니와 함께라면 돈을 현명하게 쓰는 방법도, 돈을 모으는 습관도, 돈의 쓰임도 놀이처럼 즐겁게 배울 수 있답니다.
가족과 함께 읽으면 더 좋아요. 엄마 아빠는 '이렇게 도와요'를 참고해서 여러분의 궁금증을 더 깊이 있게 풀어 줄 거예요.
읽으면서 경제와 용돈에 대해 궁금한 점이 생겼다면 엄마 아빠와 함께 이야기해 봐요. 엄마 아빠는 경제를 어떻게 배웠는지 물어봐도 좋아요. 서로 묻고 답하며 대화하다 보면 많이 웃게 되고, 가족과 더욱 소중한 시간을 보낼 수 있답니다.
이 책이 돈과 경제에 대한 호기심을 풀어 주고, 좋은 습관을 만드는 데 도움이 되길 바라요.
차곡차곡 쌓인 경제 습관은 여러분이 앞으로 경험하고 도전하고 싶은 것을 멋지게 해낼 수 있는 힘이 되어 줄 거예요.
이제, 리니, 도니, 머니와 함께 신나는 팡팡 경제랜드 속으로 들어가 볼까요?

2025년 11월
최미나

차례

글쓴이의 말
돈과 연결되어 일어나는
세상의 모든 일을 배워요! • 4

첫 번째
선택을 연습해요
소비 마음 이야기

1. 골라 골라 하루 일상 속 선택 • 10
들썩들썩 경제 키즈카페 골라 골라 뽑기왕! • 16

2. 수상한 편지 배달 소비와 선택 • 18
들썩들썩 경제 키즈카페 고민 해결 미로 찾기 게임 • 25

3. 똥 휴지를 기억해! 필요와 욕구 • 28
들썩들썩 경제 키즈카페 필요해 vs 원해 • 33

4. 만 원의 행복 재화의 가치 비교 • 35
들썩들썩 경제 키즈카페 만 원으로 행복 레벨 업! • 41

두 번째
습관을 길러요
경제 습관 이야기

1. 소원을 이루는 쪼개통 저축 습관 • 46
들썩들썩 경제 키즈카페 ✦ 이루어져라~ 쪼개통 만들기 • 52
✦ 저축 약속장 • 54

2. 출동! 쪼개통이 간다 계획과 예산 • 56
들썩들썩 경제 키즈카페 소원이 착착척척, 소원 지도 • 62

3. 냉장고 속 숨바꼭질 합리적 사고 • 64
들썩들썩 경제 키즈카페 숨은 숫자를 찾아라! • 69

4. 쓰레기 보물찾기 친환경 실천 • 71
들썩들썩 경제 키즈카페 ✦ 구석구석 다른 그림 찾기 • 76
✦ 마음을 담은 웰컴 카드 • 78

세 번째
쓰임을 알아요
돈의 가치 이야기

1. **지금부터 뉴스를 시작합니다** 생활 속 돈 • 82
   들썩들썩 경제 키즈카페 상식 쑥쑥, 경제 쑥쑥, 머니 퀴즈 • 88

2. **바꾸는 돈, 바뀌는 돈** 돈의 이해 • 91
   들썩들썩 경제 키즈카페 열렸다 닫혔다 나만의 직불카드 • 96

3. **엄마가 수상해** 돈의 쓰임과 흐름 • 98
   들썩들썩 경제 키즈카페 우리 집 머니머니 빙고 • 105

4. **가장 마음에 드는 선물** 돈으로 살 수 없는 가치 • 108
   들썩들썩 경제 키즈카페 행복 하트 퍼즐 맞추기 • 114

부록
- 따라 하며 배우는 슬기로운 경제생활(동영상 QR) • 118
- 문해력 쑥쑥, 초등학생이 알아야 할 첫 경제 용어 • 120

더운 여름날, 두꺼운 털옷을 꺼내 입어 봤나요?
상상만 해도 땀이 줄줄 흐를 듯해요. 우리는 날씨에 따라
어떤 옷을 입을지 골라요. 장난감을 가지고 놀 때도
하나를 골라야 하죠. 돈을 내고 무언가 살 때는 더더욱 그래요.
친구 생일 선물을 산다든지, 마트에서 간식을 고른다든지
할 때 말이에요. 사고 싶다고 무엇이든지 다 살 수는 없으니까요.
무엇을 어떻게 골라야 가장 뿌듯하고 후회가 없을까요?
좋은 선택은 어떻게 하는 걸까요?
리니와 함께 차근차근 연습해 봐요.

소비 마음 이야기

첫 번째

선택을
연습해요

골라 골라 하루

"오예~ 토요일이다!"

리니가 기다리고 기다리던 놀이공원에 가는 날이에요.

리니 가족은 간식을 사기 위해 마트에 들르기로 했어요.

"하나만 고르기로 했다."

마트에 갈 때면 엄마와 자주 하는 약속이에요.

오늘도 리니의 고민이 시작되었어요.

좀비 가루가 뿌려진 새로운 팝콘 VS 바삭바삭 프라이드치킨 맛 과자

신기하고 궁금한 새로운 맛에 도전할지, 입맛에 딱 맞는 먹던 과자를 고를지. 리니는 용기를 내 보기로 했어요.

"결정! 좀비 가루 팝콘."

알록달록 좀비 가루를 솔솔 뿌린 뒤, 눈을 감고 팝콘을 입에 넣었어요. 리니는 입안에서 톡톡 터지는 팝콘의 새콤달콤한 맛에 깜짝 놀랐어요.

"오늘의 첫 번째 선택, 성공!"

드디어 놀이공원에 도착했어요. 흥겨운 노래와 신나는 놀이기구가 리니를 반겨요. 리니가 타고 싶은 놀이기구는 인기가 많아서 줄이 너무 길어요.

"어떤 것을 타야 할까?"

리니는 콩닥콩닥 뛰는 마음을 가라앉혔어요.

젖은 옷이 다 마르기도 전에 갑자기 비가 쏟아졌어요.

리니네 가족은 가까운 선물 가게로 뛰어들어 비를 피했어요.

다행히 가게에서 우산과 비옷을 팔고 있었어요.

하늘 가득 활짝 **자동 우산** VS 내 몸에 꼭 맞는 **비옷**

너희도 한번 골라 봐!

리니는 샛노란 비옷을 사고 싶었어요.

하지만 비옷은 한 명밖에 못 입으니까 같이 쓸 수 있는 우산을 골랐어요.

"이야, 리니가 엄마 아빠를 먼저 생각하다니 멋진걸!"

엄마는 엄지손가락을 들어 올리며 리니를 칭찬했어요.

벌써 집에 갈 시간이에요. 놀이공원을 나가려면 꼭 이곳을 들러야 해요. 장난감을 파는 기념품점.

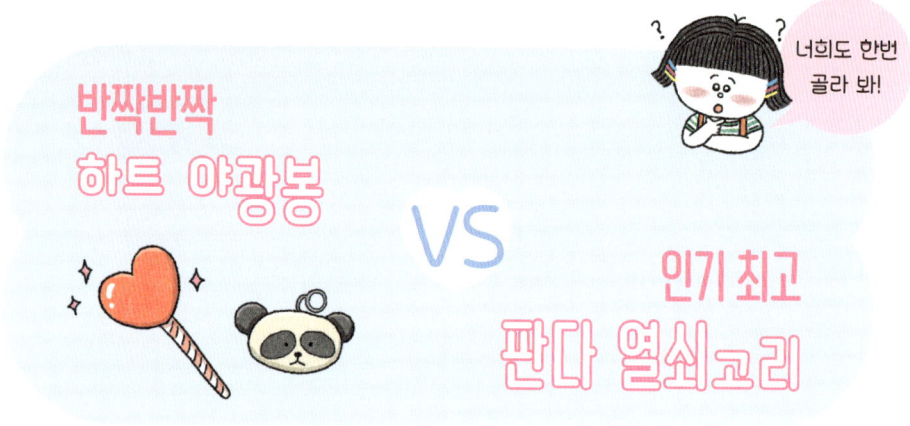

그리고 리니는 야광봉보다 더 반짝이는 눈으로 엄마를 쳐다보았지요.

"하나만이다!"

리니는 고민 끝에 인기 최고 판다 열쇠고리를 골랐어요.

"히히, 태권도 가방에 달아서 애들한테 자랑해야지."

오늘은 리니에게 선택해야 하는 순간이 많은,
재미있고도 바쁜 날이었어요.

종비 팝콘, 정글 탐험, 우산, 판다 열쇠고리.

집에 돌아온 리니는 자신이 고른 것들을 떠올리며
하루를 되짚어 보았어요. 하고 싶은 것, 갖고 싶은 것을
다 고를 수는 없었지만 즐거운 시간이었어요.
"고르는 건 재밌어!"

이렇게 도와요

경제 교육의 첫걸음, 바른 소비 선택

우리가 입는 옷, 음식, 잠자는 곳 등 사람들이 살아가는 데 필요한 것들을 재화라고 합니다. 그리고 사람들의 욕구에 비해 재화는 한정되어 있어요. 이것을 희소성이라고 합니다. 그래서 우리는 늘 선택을 해야 하고, 원하는 것을 모두 가질 수는 없죠. 돈의 사용도 같습니다. 쓸 수 있는 돈의 양이 정해져 있으니 사람들은 어떤 선택이 보다 만족감을 가져올지 고민합니다. 아이들도 마찬가지예요. 한정된 물질적 상황에서 '내가 무엇을 사고 싶은지' 알고 '어떤 것을 골라야 할지'를 연습해 봐야 합니다. 선택을 고민하면서 아이들은 합리적 사고법을 배우고, 바른 소비 습관은 물론 자제력을 기르게 됩니다. 이런 습관은 결국 좀 더 만족스러운 삶으로 연결되고요. '선택' 훈련은 경제 교육의 첫걸음이고, 행복한 삶으로 가는 지름길이기도 합니다.

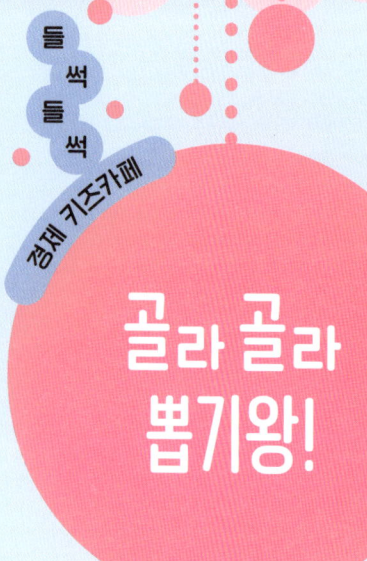

골라 골라 뽑기왕!

들썩들썩 경제 키즈카페

리니가 마트에 갈 때 엄마와 약속하는 건 쓸 수 있는 돈이 정해져 있기 때문이에요. 놀이공원에서 줄이 긴 놀이기구 중 하나만 고른 것은 모든 놀이기구를 타기에는 시간이 모자랐기 때문이고요. 이렇게 우리는 원하는 것을 전부 가질 수 있을 만큼 자원(돈, 시간, 재화 등)이 풍족하지 않아요. 아무리 돈이 많은 부자도 원하는 것을 다 가질 수는 없어요. 그래서 누구나 잘 고르기 위해 고민하죠.

처음에는 어려울 수 있어요. 나머지를 포기해야 하니까요. 내가 무엇을 더 원하는지 고민하다 보면, 더욱 마음에 드는 것들을 고를 수 있어요. 선택에는 용기가 필요해요. 포기할 수 있는 용기 말이에요. 리니처럼 용기를 낸 선택을 연습해 봐요.

이렇게 해 봐요!

1. 오른쪽 뽑기 그림의 맨 아래 빈칸에 갖고 싶은 것들을 적어요. 그림으로 그려도 좋아요.
2. 두 개씩 짝을 지은 뒤, 둘 중 하나만 골라 위쪽 칸에 적어요.
3. 고른 두 개 중 또 하나를 골라 맨 위쪽 칸에 적어요.
4. 마지막으로 하나를 골랐다면 뽑기 성공!
   하나만 고르는 것이 어렵다면 1, 2, 3, 4 순위를 매겨 보아도 좋아요.

내가 정말 갖고 싶은 것은 뭘까요?

도니를 부러워하는 리니의 마음도, 집에 있는 장난감이 다
시시하다는 도니의 생각도, 머니의 어두운 표정까지
모두 다 새로운 물건을 갖고 싶기 때문이에요.
"있잖아, 삼촌이 그러는데 사고 싶은 것을 종이에 적어서
땅에 묻으면 고민이 해결된대. 우리도 한번 해 볼까?"
"에잇, 설마."
"오호, 좋아!"
셋은 놀이하듯 각자 갖고 싶은 것을 종이에 적어
마당에 묻었어요.
이튿날, 도니네는 파란색 봉투, 머니네는 노란색 봉투,
리니네는 보라색 봉투가 배달되었어요.
"다들 받았어? 우리가 땅에 묻은 종이, 그거 때문인가 봐."
"진짜 고민을 해결해 주는 행운의 편지 아냐?"
봉투를 열자 안에는 미로 찾기가 들어 있었어요.
질문에 '네, 아니요'로 답하며 따라갈 수 있는 게임이에요.
용도니가 먼저 출발했어요.
"자, 간다!"

사고 싶은 마음은 누구나 생길 수 있어요. 이해했나요?

"우왓, 내가 가지고 싶은 망원경을 알고 있나 봐!"
도니는 자신도 모르게 **네**를 따라갔어요. 다음 질문은

나에게 꼭 있어야 하나요?

도니는 자신에게 꼭 필요한지 잘 몰라 **아니요**를 따라가자
바로 탈출했어요.

필요한 것에는 이유가 있어요.
꼭 있어야 하는 이유를 정리해서
부모님과 이야기해 보세요.

"음, 생각해 보겠어."

도니에게 **망원경이 필요한 이유**
첫째 높은 나무 위의 곤충을 관찰하기 좋다.
둘째 뮤지컬처럼 멀리서 봐야 하는 공연 관람에 최고!
셋째 축구장에서 좋아하는 선수를 가까이 볼 수 있다.

"됐어! 이걸 부모님께 보여 드리면 된다는 거지!"

이번엔 리니 차례예요. 리니는 도니의 말하는 펭귄을 떠올리며 봉투를 조심스레 열었어요.

나에게 꼭 있어야 하나요?

"도니도 있잖아. 당연하지!"

친구에게 보여 주기 위해 사고 싶나요?

네를 골랐더니 미로를 탈출했어요.

보여 주기 위해 산 물건은 금방 싫증이 나요. 정말 나를 위한 것인지 꼭 생각해 보세요.

문득 자랑하고 싶은 마음으로 샀던 장난감이 떠올랐어요. 머니는 얼음 깨기 보드게임을 사고 싶어요. 머니에게 꼭 필요한 물건이었고, 친구에게 자랑하고 싶은 마음도 없었어요. 그러자 다음에 이런 질문이 나왔어요.

어떻게 살 수 있을지 계획이 있나요?

"난 돈이 없어. 엄마는 분명 안 사 주실 테고.

그러니까 계획은 없어."

머니는 **아니요**를 골라 미로를 빠져나왔어요.

원하는 것을 살 수 있는 자세한 계획을 세워 보세요.
계획하고 실천하면 꿈이 이루어집니다.
이렇게 산 것은 더 소중하지요!

"나도 할 수 있다! 보드게임아, 조금만 기다려라~"

머니의 얼음 깨기 보드게임을 **사기 위한 계획**
첫째 일주일에 한 번씩 용돈을 받아 모은다.
둘째 집안일을 돕고 용돈을 받는다.
셋째 할머니에게 받은 명절 용돈을 모은다.
넷째 생일 선물로 받는다.

도니, 머니, 리니는 각자 다른 해결법을 찾도록 도와준 편지가 너무 신기했어요.

곰곰이 생각하던 도니는 궁금했어요.

"그런데 이 편지는 어디에서 왔을까?"

리니에게 좋은 생각이 떠올랐어요.

"우리가 쪽지를 묻은 곳에 다시 가 보자. 누군가 종이를 꺼내 갔다면…."

"그랬다면?"

"흔적을 남기기 마련이잖아."

"그렇지. 탐정처럼 흔적을 따라가 보면 되겠네."

리니와 도니의 대화를 듣던 머니의 표정이 갑자기 굳었어요.

"얘들아, 혹시 땅을 판 흔적이 없으면?"

셋은 잠시 서로를 빤히 보더니 비명을 질렀어요.

아이의 자제력이 쑥쑥, 소비 대화법

소유 욕구에 대한 감정을 공감받고, 선택의 가능성을 알게 된 아이는 물건을 고를 때 스스로 조절하기 시작합니다. 엉뚱한 선택, 뒤늦은 후회 등 아이의 다양한 시행착오를 지지해 주세요. 단순히 물건을 사는 것을 넘어서 책임감 있는 소비자로 성장하게 됩니다.

1. 아이들의 소유에 대한 욕구를 인정해 주세요.

> 맞아, 가지고 싶은 마음은 당연해. 어른들도 그렇단다.

2. 한계를 설정하고 그 안에서 선택할 수 있는 가능성을 열어 주세요.

> 우리가 모든 것을 다 가질 수 없지만, 대신 잘 고를 수 있어!

3. 이후 아이가 선택을 위한 합리적 사고를 할 수 있도록 기다려 주세요.

> 빨리 고르지 않아도 괜찮아.

> 어떤 것을 골라야 더 뿌듯할까?

고민 해결 미로 찾기 게임

들썩들썩 경제 기초가॥

내가 사고 싶은 것에는 '왜 사고 싶은지' **이유**가 있어요. 친구가 가지고 있어서 혹은 새로 나온 것이 더 좋아 보여서처럼요. 사고 싶은 이유를 생각하다 보면, 신기한 일이 생겨요. 물건을 사고 나서 금방 싫증 날 것과 오랫동안 간직할 것이 보이거든요. 금방 싫증 날 물건을 줄이면 오래도록 기쁨을 주는 물건을 모을 수 있어요. 여러분에게 사고 싶은 이유를 생각하게 하는 미로 찾기 게임을 소개할게요. 원하는 물건을 마음대로 살 수 없어서 답답했던 마음을 해결할 수 있답니다. 아마도 부모님께 무작정 조르기보다 훨씬 좋은 방법일 거예요.

이렇게 해 봐요!

1. 내가 사고 싶은 것을 출발선(START) 빈칸에 그려 넣어요.
2. 미로 찾기의 질문에 따라 '네'면 ○, '아니요'면 ✕가 쓰인 길을 따라가요.
3. 마지막으로 도착한 번호에 적힌 해결 방법을 읽고 실천해 봐요.

1 **정말 대단해요!**
나에게 필요한 것을 잘 알고 어떻게 하면 살 수 있을지 생각하는
최고 단계까지 통과! 최고예요!

2 **지금까지 잘 왔어요!**
남에게 보여 주기 위해 산 물건은 금방 싫증이 나요.
정말 나를 위한 것인지 꼭 생각해 보세요.

3 **벌써 끝?**
누구나 가지고 싶은 마음이 생기는 것은 당연해요.
처음부터 다시 해 봐요. 이번에는 어떤 결과가 나올까요?

4 **멋져요!**
마지막까지 잘 왔어요! 이제 어떻게 하면 살 수 있을까요?
원하는 것을 살 수 있는 계획을 자세히 세워 보세요.
용돈 모으기, 집안일 돕기, 선물 받기 등 좋은 방법을 생각해 봐요.
계획하고 실천하면 꿈이 이루어집니다.
이렇게 산 것은 더 소중하지요!

5 **칭찬해요!**
처음에는 필요하다고 생각했지만, 사실 내가 가지고 싶은 것이었을
때가 많아요. 자신의 마음을 솔직하게 들여다보는 멋진 친구로 인정!
필요한 것에는 이유가 있어요. 꼭 있어야 하는 이유를 정리해서
부모님과 이야기해 보세요.

3. 똥 휴지를 기억해!

"엄마, 화장실에 휴지 없어요!"

리니가 화장실에서 소리쳤어요.

"아이고, 엄마가 깜빡했네."

엄마가 얼른 화장실에 있는 리니에게 화장지를 건넸어요.

잠시 뒤, 화장실을 나온 리니가 엄마에게 사탕이 먹고 싶다며

마트에 가자고 졸랐어요. 엄마는 재미있는 이야기를

들려주겠다며 리니를 불러 앉혔죠.

사요사요 나라에는 필요해 마을과 원해 마을이 있었어요.

필요해 마을에서는 꼭 있어야 하는 물건을 팔았고,

원해 마을에서는 갖고 싶은 물건을 팔았어요.

사람들은 물건을 사야 할 때마다 고민했어요.

어떤 물건을 어디로 사러 가야 하는지 헷갈렸거든요.

하루는 고민해네 집에 휴지가 똑 떨어졌어요. 민해는 고민했죠.

"휴지를 사려면 어디로 가야 할까? 휴지가 없으면 똥을 못 닦으니까

꼭 필요해. 필요해 마을로 가야겠다."

민해 생각이 맞았어요. 민해는 필요해 마을에서 휴지를 살 수 있었어요.

"필요해 마을에서는 당장 써야 하는 것, 앞으로 써야 하는데

갖고 있지 않은 것을 파는구나."

이튿날 민해는 비눗방울을 사려고 필요해 마을로 갔어요.

하지만 비눗방울을 사지 못했어요.

"앗, 장난감처럼 우리를 즐겁게 해 주는 물건은 원해 마을로 가야 하나?"

원해 마을 입구에 도착한 민해는 커다란 안내문을 발견했어요.

집에 비슷한 물건이 있다면
다시 생각하고 오세요!

"에잇, 집에 있는 것 다 쓰면 꼭 다시 올 테야."

두 마을을 다녀온 뒤, 고민해는 마을 사람들에게 물건을 살 때 어떤 마을로 가야 하는지 알려 주었어요. 덕분에 사요사요 나라 사람들은 필요해 마을과 원해 마을을 편리하게 이용할 수 있었답니다.

엄마가 이야기를 마치자, 리니의 얼굴이 갑자기 어두워졌어요.
"엄마, 그런데 필요한 것도 있고 갖고 싶은 것도 있을 때는 무엇을 먼저 사야 해요?"
"와, 멋진 고민이네. 같이 생각해 볼까. 집에 있는 휴지를 다 써서 사러 갔는데, 휴지 대신 먹고 싶은 사탕을 사 왔어. 집에 와서 사탕을 먹던 리니는 갑자기 똥이 마려웠지.
그런데! 어머나, 뭐가 없을까?"
"으악! 휴지가 없어요~"

"그래. 우리가 꼭 **필요한 휴지를** 사지 않고 **갖고 싶은 것을** 먼저 사면 **곤란한 일**이 생겨."

엄마 얘기를 듣던 리니가 키득키득 웃으며 종이에 뭔가 그리기 시작했어요.

"이거 보면서 잘 기억했다가 앞으로는 필요한 것 먼저 산 다음, 갖고 싶은 것을 고를래요."

"아니, 그렇다고 똥 휴지를 그린 거야? 못 말려 정말."

이렇게 도와요

소비에 대한 자기 인식을 길러요

새로 나온 게임, 다양한 캐릭터 상품, 자극적인 영상물 등 아이들은 풍족한 환경과 빠르고 현란한 마케팅으로 '가지고 있는 것'에 만족할 여유도 없이 새로운 것을 더 많이 찾곤 합니다. 이러한 환경에서 분별력 있는 소비 습관을 기르려면 필요와 욕구를 아는 것이 중요합니다. 아이와 함께 필요한 것과 원하는 것을 구별해 보고 무엇을 먼저 골라야 하는지 우선순위를 정하는 대화를 자주 해 주세요.

꼭 필요한 것을 잘 판단하지 못하거나, 자신이 갖고 싶은 것을 필요한 것이라고 여길 수도 있어요. 하지만 자신의 마음을 들여다보고 상황에 맞게 구별하다 보면 '소비에 대한 자기 인식'을 쌓을 수 있어요. 자기 인식은 행동을 통해 자신의 태도와 신념을 이해하는 것입니다. 객관적으로 자신의 소비 태도를 인지하는 습관, 이것은 아이들의 주도적인 경제생활에 많은 도움이 됩니다.

필요해 VS 원해

돌썩돌썩 경제 기초개념

사요사요 나라처럼 여러분이 살 수 있는 물건에는 필요한 것도 있고 원하는 것도 있어요.

필요한 것(NEEDS)은 물, 집, 옷 등 우리가 살아가는 데 꼭 있어야 하는 물건이에요. 원하는 것(WANTS)은 꼭 필요하지는 않지만, 게임기와 킥보드처럼 생활을 즐겁게 해 주거나 로봇 청소기와 전동 칫솔처럼 생활을 편리하게 해 주는 물건이고요.

마트나 백화점에서 많은 물건을 구경하다 보면 갑자기 사고 싶은 마음이 들기도 해요. 이럴 때 스스로에게 물어보세요. '정말 필요할까?'라고요. 또 평소에 필요한 물건을 적어 두면 결정하기 쉬워요. 여러분의 똑똑한 소비 능력을 키워 줄 활동을 소개할게요.

이렇게 해 봐요!

1. 짝을 이룬 두 물건을 보고 '필요해'와 '원해' 중 해당하는 곳에 ✓를 해 봐요.
   - 필요해 : 살아가는 데 꼭 있어야 하는 물건.
   - 원해 : 편리하고 즐겁게 해 주는 물건.
2. 표시를 다 했다면 두 물건 중 어떤 것을 먼저 사야 할지 생각해 봐요.

✦ 두 물건 중 먼저 사야 할 물건을 적어 보아요.

만 원의 행복

"오―예, 용돈이다!"

리니는 설 명절에 어른들께 용돈 오만 원을 받았어요.

엄마와 의논한 뒤, 그중 만 원은 갖고 싶은 것을 사기로 했죠.

"리니야, 만 원을 어디에 쓸 거야?"

리니는 기다렸다는 듯 설레는 마음으로 외쳤어요.

"당연히 '5단 변신 빨라 달팽이'죠! 딱 만 원이라고요."

리니는 가벼운 발걸음으로 장난감 가게로 향했어요.

장난감 가게에 가려면 분식집을 지나야 해요. 치즈 솔솔 팝콘치킨,

얼음 동동 딸기주스는 리니가 가장 좋아하는 간식이에요.

"먹고 싶지만… 으아, 안 돼….
5단 변신 빨라 달팽이 사야 하잖아!"

리니는 엄청난 유혹을 뿌리치고 드디어 장난감 가게에
도착했어요. 그런데 문 앞에 인형 뽑기 기계가 있지 뭐예요.
"와! 한 판에 천 원이라고? 해… 보고… 싶다."
투명한 기계 안의 인형이 리니에게 손짓해요.

만 원짜리 지폐를 천 원짜리로 바꿔서 한 장을 기계에 넣었어요.

"**천 원은** 써도 되겠지?

엄마한테 달라고 하면 주실 거야."

호로록 돈이 들어가자 신나는 음악이 흘러나와요.

집게를 요리조리 움직여 인형이 있는 곳에 맞추고, 버튼을 꾸우욱!

"잡혀라, 잡혀!"

그런데 기대와는 다르게 실패. 리니는 다시 천 원을 넣었어요.

"딱 **한 번만 더** 하면 될 것 같아."

다시 실패. 그러고 나서 한 번 더, 또 한 번 더!

그렇게 결국 리니는 만 원을 다 써 버렸어요.

"내 만 원…."

리니가 뽑은 건 후회하는 마음뿐이었어요.

리니는 빈손으로 터덜터덜 집으로 돌아갔어요.

집에 들어서서 엄마와 눈이 마주치자 울음이 터졌어요.

리니의 이야기를 들은 엄마가 물었어요.

"만 원에 인형 뽑기 몇 판이었지?"

"열 판이요."

"그럼 5단 변신 빨라 달팽이랑 뽑기 열 판이랑 똑같았네."

"맞아요. 분식집 지나갈 때도 사 먹고 싶은 걸 꾹 참고 지나갔는데. 만 원이면 팝콘치킨 다섯 개, 딸기주스 두 잔이거든요."

손가락을 접었다가 펴면서 만 원으로 살 수 있는 다른 것들을 떠올렸어요. 엄마는 리니가 속상해하면서도 만 원의 가치를 비교하는 모습이 대견했어요.

"5단 변신 빨라 달팽이는 특별히 엄마가 사 줄게!"

"정말이요? 우아!"

리니의 눈이 휘둥그레지면서 눈물이 쏙 들어갔어요.

"그 대신 앞으로 뽑기 게임을 할 때는 이 생각을 꼭 하기로 약속하자."

이 게임으로 내가 얼마 동안 즐거울 수 있을까?
이 돈이면 다른 어떤 걸 할 수 있을까?

합리적 사고를 기르는 용돈 사용법

1. 재화의 가치 비교하기

아이들은 물건값이 어떤 가치를 지니는지 이해하기 어렵습니다. '만 원이면 팝콘치킨 다섯 개'처럼 같은 값으로 살 수 있는 물건을 나란히 비교해 볼 수 있도록 대화해 주세요. 물건뿐만 아니라 일상에서 즐길 수 있는 유료 게임이나 놀이 체험을 할 때 '이 돈이면 무엇을 할 수 있을까?'처럼 확장해서 생각해 보면 좋아요.

2. 기회비용 고려하기

선택을 앞두고 마음속 A와 B를 고민할 때가 많아요. 이때 A를 골랐다면 자신이 포기한 것에 대한 가치인 'B의 가치'를 **기회비용**이라고 해요. A를 선택한 가치가 자신이 포기한 기회비용(B)보다 크다면 합리적 선택이고요. 기회비용을 헤아려 보는 습관은 소비 만족감을 높이는 좋은 방법이기도 합니다.

"네! 앞으로는 게임을 하고 나서 생각하기보다

게임을 하기 전에 고민할게요."

유혹에 못 이겨 실수했지만, 오늘도 하나를 배웠어요.

리니는 가벼운 마음으로 엄마 손을 꼬옥 잡고 잡아당겼어요.

"지금 당장 사러 가자고? 어이구, 알았다, 알았어!"

오늘 리니가 진짜로 뽑은 건 리니를 알아주는

'엄마의 마음'이네요.

"감사합니다!"

만 원으로 행복 레벨 업!

들썩들썩 경제 키조카배

곰 젤리와 하트 젤리는 둘 다 천 원이에요. 그런데 두 젤리를 먹었을 때 만족감은 각각 달라요. 곰 젤리를 먹었을 때 만족 점수 10점, 하트 젤리를 먹었을 때 만족 점수 6점이죠. 그렇다면 여러분은 어떤 젤리를 고르겠어요? 당연히 만족 점수가 높은 곰 젤리를 골라야겠죠. 이때 포기한 하트 젤리를 기회비용이라고 해요. 만족 점수가 낮은 하트 젤리를 고르게 되면 '곰 젤리 사 먹을걸.'이라는 생각이 많이 들죠. 내가 선택한 것에 뿌듯한 마음이 들도록 포기하는 것의 만족 점수를 생각해 보는 습관이 중요해요.

여러분에게 만 원이 있다면 무엇을 할 수 있을까요? 간식을 사 먹을 수도 있고, 문구점에 가서 놀잇감을 고를 수도 있고, 만화 영화를 볼 수도 있어요. 또 저금통이나 통장에 모을 수도 있고요. 만 원을 어떻게 썼을 때 만족 점수가 높을지 고민해 봐요. 이런 고민을 많이 하면 할수록 용돈을 현명하게 쓸 수 있고, 훨씬 행복할 수 있답니다.

이렇게 해 봐요!

5단 변신 빨라 달팽이는 만 원이에요. 리니가 달팽이 장난감 대신 고를 수 있던 것은 인형 뽑기, 팝콘치킨, 딸기주스였어요. 만 원으로 인형 뽑기는 열 판을, 팝콘치킨은 다섯 개를, 딸기주스는 두 잔을 살 수 있어요. 그렇다면 인형 뽑기 한 판, 팝콘치킨 한 개, 딸기주스 한 잔은 얼마인지 빈칸을 채워 봐요.

얼마일까요?

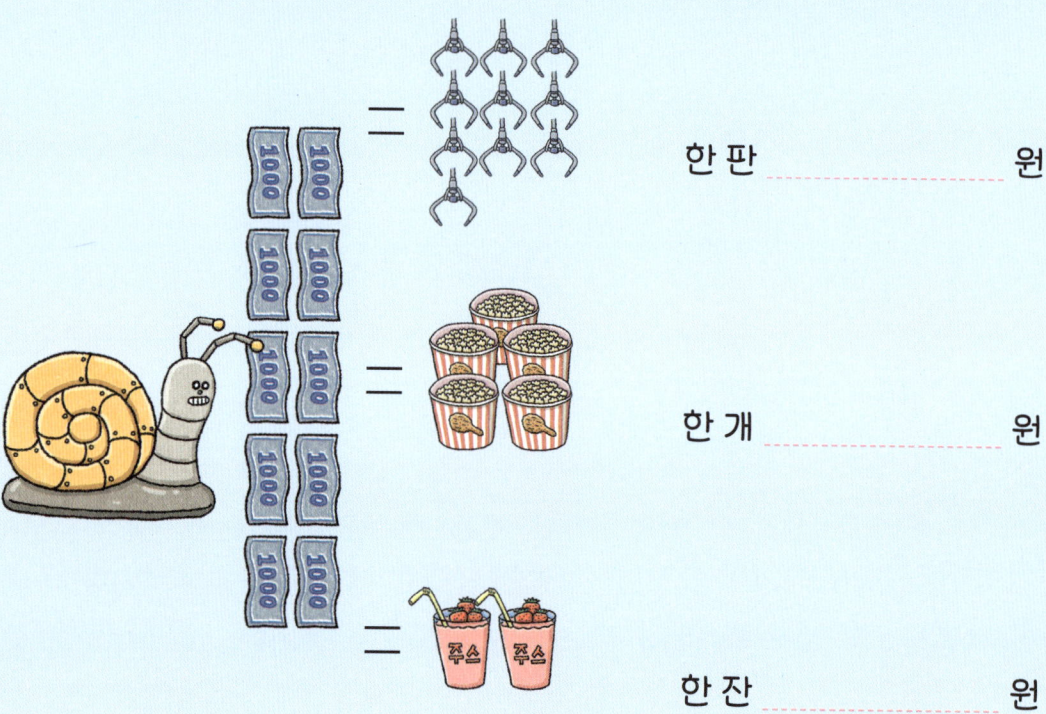

한 판 _____ 원

한 개 _____ 원

한 잔 _____ 원

이렇게 해 봐요!

여러분에게 용돈 만 원이 생겼다면 어떤 선택을 할까요? 10000원이라고 쓰인 빈칸에 '보기'의 물건 중 골라서 스티커를 붙여 봐요. 금액에 따라 한 가지를 여러 번 선택할 수도, 여러 가지를 골고루 고를 수도 있어요. 어떤 선택을 했을 때 만족 점수가 가장 높을지도 생각해 보고요. 여러분이 가장 뿌듯하고 행복할 수 있는 '만 원의 행복'을 만들어 봐요.

만 원의 행복을 채워요!

보기

10000원

매일매일 하는 일들이 있어요. 아침에 일어나서 밥 먹고,
바로 이를 닦고, 밤이 되면 일찍 잠자리에 드는 일처럼요.
이런 행동들을 우리는 '습관'이라고 해요.
습관에는 좋은 습관과 나쁜 습관이 있어요.
좋은 습관은 우리를 더 건강하고 행복하게 만들지만
나쁜 습관은 우리 몸과 마음을 피곤하고 아프게 할 수 있어요.
돈을 다룰 때도 좋은 습관이 필요해요.
돈에 관한 좋은 습관이 돈을 기쁘게 쓰고 모을 수 있게 해요.
지금부터 멋진 경제 습관을 배워 봐요.

경제 습관 이야기

두 번째

습관을 길러요

1
소원을 이루는 쪼개통

리니가 요즘 인기 폭발인 〈쪼개통 삼총사〉 연극을 보러 왔어요.
그동안 먼저 본 도니가 〈쪼개통 삼총사〉 이야기를 할 때마다
귀를 막고 듣지 않았어요. 꼭 직접 보고 싶었거든요.
드디어 어두컴컴한 무대 위, 커튼이 열리고 조명이 켜졌어요.

통통 마을 놀이터가 오늘따라 시끌벅적해요.
"얘들아, 무슨 일이니?"
모아모아 할머니가 옥신각신하는 삼총사를 보며 걱정스레 물었어요.

"할머니께서 주신 용돈을 서로 가지려다가…."

가고싶어통의 목소리에 힘이 없어요.

도와주고싶어통도 한숨을 쉬며 거들었어요.

"사고싶어통, 네가 먼저 다 가져가려고 했잖아!"

사고싶어통 얼굴이 빨갛게 달아올랐어요.

"게임기를 사고 싶어서 그랬어."

가고싶어통도 주먹을 불끈 쥐었어요.

"나도 용돈을 더 모아 동물원에 가려고 했다고. 백호랑이 야호가 태어났거든!"

도와주고싶어통도 중얼거렸어요.

"내가 뉴스를 봤는데 세상에는 아픈 친구들이 많대. 돈을 모아 치료를 도우면 좋겠어."

세 친구를 지켜보던 할머니가 지갑을 꺼내셨어요.

"이런, 생각이 모두 달랐구나. 그럼 지폐를 동전으로 바꿔 주마. 셋으로 나눠 보렴."

역시 할머니는 통통 마을의 해결사예요.

"시간은 걸리겠지만 우리 셋 다 하고 싶은 걸 좀 더 앞당길 수 있겠어요!"

셋은 요리조리 돌며 팔짝팔짝 뛰었어요.

그 뒤 용돈을 받을 때마다 삼총사에게는 작은 유혹들이 찾아왔어요.

"이번 용돈은 아이스크림 사서 먹고 싶어!"
"난 이 돈으로 오락실에 가고 싶어!"
"간식을 사서 길고양이를 도와줄까?"

그때마다 삼총사는 손을 잡고 꾹 참았어요. 용돈을 받을 때마다

의견이 갈려서 쉽지 않았지만요.

그렇게 몇 달이 지나고, 삼총사의 몸통이 용돈으로 가득 찼어요.

삼총사는 뿌듯한 마음에 모아모아 할머니를 찾아갔어요.

"신기해요. 용돈을 **나누어 담으니**
셋 다 **하고 싶은 것**을 할 준비가 됐어요!"

"너희, 몸이 무거워졌구나. 멋지다."

모아모아 할머니는 삼총사에게 붙일 이름을 생각해 냈어요.

"앞으로 너희를 쪼개통이라고 부르면 어떻겠니?"

"용돈을 쪼개어 담는 통이요? 좋아요!"

가고싶어통이 주먹을 불끈 쥐고 외쳤어요.

"쪼개통 삼총사, 이제 소원을 이루러 가 볼까?"

연극이 끝나고 리니는 집에 돌아와 빈 통 세 개를 구했어요. 리니도 하고 싶은 일이 있거든요. 쪼개통을 생각하며 각 통에 이름을 썼어요. 사고싶어통(자석 큐브), 가고싶어통(마카롱 만들기 체험), 도와주고싶어통(환경 보호)이라고요.

"자, 이제 내가 너희에게 용돈을 넣어 줄게.

누가 먼저 가득 차게 될까?"

마치 세 개의 통이 서로 달라고 입을 벌리는 듯해요.

용돈을 받을 때마다 리니의 가슴이 두근두근 설레요.

이렇게 도와요

용돈을 계획적으로 사용하는 네 가지 방법, SSID

미국의 머니 세이비 제너레이션(Money Savvy Generation)에서 하는 금융 교육 프로그램 중 네 가지 목적에 따라 용돈을 나누어 관리하는 저금통이 있어요. 이것을 SSID라고 해요. 아이들이 용돈을 Spend(소비), Save(저축), Invest(투자), Donate(기부)로 나누어 계획할 수 있도록 해 자산 관리의 기초를 배우도록 유도하는 프로그램이에요.

- **소비 Spend** : 필요하고 원하는 것에 돈을 쓰는 행위.
- **저축 Save** : 단기 목표를 정하여 돈을 모으는 성취의 경험. 보드게임이나 장난감을 사기 위한 비용 마련.
- **투자 Invest** : 자신의 미래를 위해 돈을 모으는 장기 목표를 위한 과정. 통역사가 되기 위한 어학연수, 과학 캠프 참여 비용 등.
- **기부 Donate** : 타인과 사회에 자신이 가진 것을 나누는 실천.

가정에서도 아이의 나이와 필요에 따라 3~4개의 통을 이용해 저축 습관을 들일 수 있어요. 이런 습관은 돈을 용도에 맞게 사용하는 것뿐만 아니라, 아이가 목적을 정하여 용돈을 나누어 저축함으로써 작은 성취를 경험할 수 있답니다.

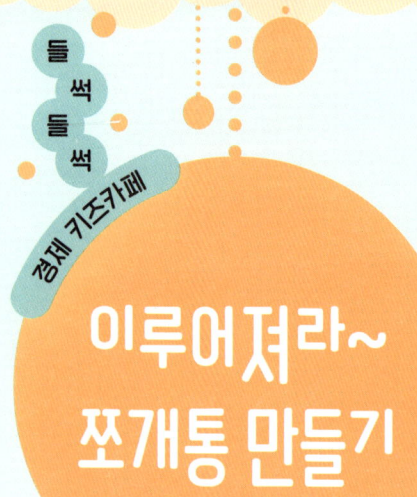

들썩들썩 경제 키즈카페

이루어져라~ 쪼개통 만들기

용돈을 모아서 하고 싶은 일에 돈을 써 본 적이 있나요? 당장 사고 싶은 것을 참고 적은 돈을 모아 더 큰 것을 이룬다면 정말 뿌듯해요.

여러분이 모은 용돈을 어디에 쓰고 싶은지 나만의 소원을 정해 보세요. 내가 무엇을 사고 싶은지 아는 것, 어디에 가고 싶은지 찾는 것, 누구를 돕고 싶은지 정하는 것이 소원이 될 수 있어요. 통통 마을 삼총사처럼 쪼개통을 만들어서 하고 싶은 일을 향해 조금씩 앞으로 나아가요. 모두가 소원을 이루는 그날을 위해 다 함께 힘을 내요!

만들어 봐요!

준비물

500mL 이하 크기의 투명 페트병 3개, 라벨지(견출지) 6개, 유성펜, 칼, 스티커 등 꾸미기 재료.

※ 칼이나 가위를 사용할 때는 반드시 어른의 도움을 받아요.

1. 투명 페트병 중간에 동전이 들어갈 만큼 구멍을 내요. 구멍 만들기가 어렵다면 동전이 쉽게 들어갈 수 있는 크기의 입구를 가진 유리병을 사용해도 좋아요.

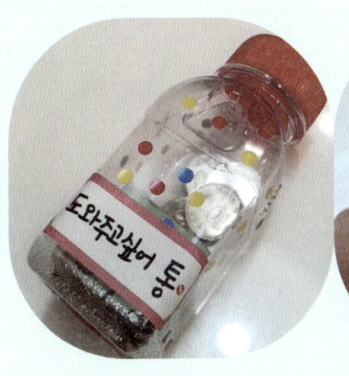

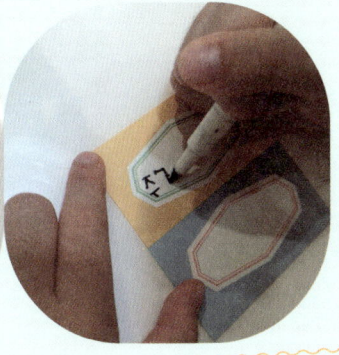

2. 라벨지에 사고싶어통, 가고싶어통, 도와주고싶어통이라고 적어 붙여요.

3. 각 통에 맞는 자신의 소원을 다른 라벨지에 적어 붙여요.
사고싶어통 : 게임기
가고싶어통 : 동물원
도와주고싶어통 : 아픈 친구들

4. 예쁜 스티커, 유성펜, 리본 등을 이용해 쪼개통을 예쁘게 꾸미면 끝!

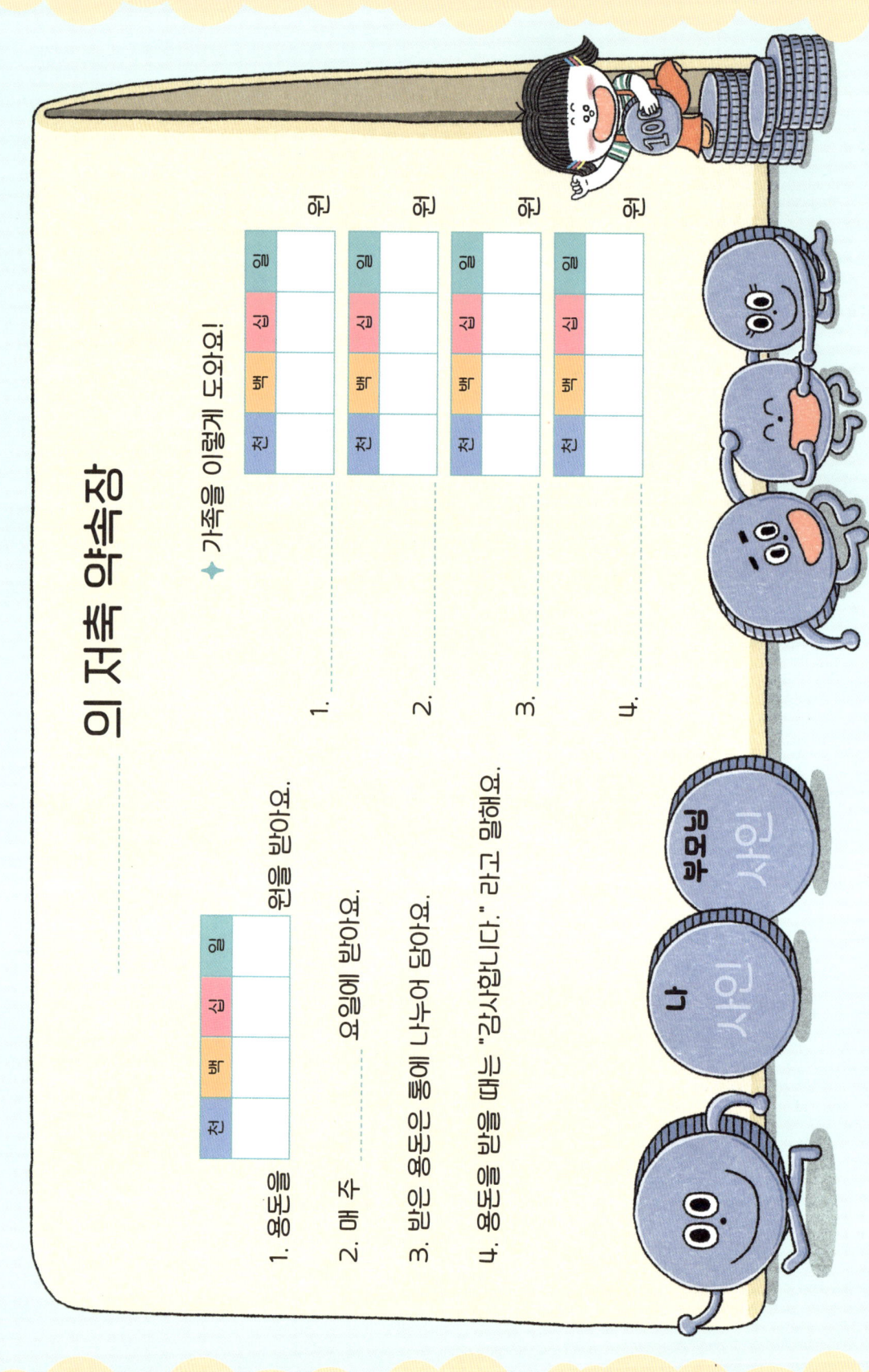

이렇게 도와요

1. 저축 약속장을 준비해 주세요
① 아이가 받을 용돈 금액, 날짜를 의논해서 적어요.
② 집안일을 도울 때 받는 용돈을 의논해서 적어요.
③ 통에 나누어 담기를 약속한 뒤, 가족 구성원 모두 서명해요.
④ 쪼개통 옆이나 가족이 잘 보이는 장소에 붙여 주세요.

2. 지속적인 저축 습관을 위한 팁
① 저금통은 투명하고 작을수록 좋아요. 처음에는 기간이 짧은 **단기 목표를 세워 시작**해야 동기 부여가 되고 꾸준히 이어 갈 수 있어요.
② 용돈이 처음이라면 나누어 담을 수 있는 **동전**으로 시작해 주세요.
③ 동전 한 개라도 모든 저금통에 **골고루 넣기**로 해요.
④ 아이가 **당연히 해야 할 일**은 돈으로 보상하지 않아요. 외출하고 돌아와서 손 씻기, 밥 다 먹기, 밥 먹고 양치하기 등.
⑤ 정기 용돈을 줄 때 날짜와 시간을 정해서 지켜 주세요. **알람을 설정**해 두면 도움이 돼요.

2
출동! 쪼개통이 간다

리니는 〈쪼개통 삼총사〉 2편이 나왔다는 소식을 듣고 두근두근 설렜어요. 소원을 이루기 직전에 끝나 버린 1편이 못내 아쉬웠거든요. 이번에는 용도니와 함께 보러 갔어요.

"내일이다! 각자 소원 알고 있지? 난 게임기를 살 거야."
"난 백호랑이 '야호'를 보러 동물원에 갈 거야!"
"내 돈은 아픈 친구들을 위해 쓸 테야."
쪼개통 삼총사는 내일이 정말 기대되었어요.

사고싶어통이 종이 한 장을 흔들며 물었어요.

"잠깐! 그런데 모두 소원 지도 가져왔어?"

소원 지도는 소원을 이루기 위해 무엇이 필요한지 써 보는 계획표예요.

가고싶어통이 머리를 긁적였어요.

"음, 근데 나 아직 지도를 완성하지 못했어."

"괜찮아. 지금 같이 만들면 되지."

도와주고싶어통이 늘 그렇듯 나서서 연필을 건네며 물었어요.

"첫째, 가고싶어통의 소원은?"

"동물원 가기."

"그럼 둘째, 어떤 동물원이야?"

"TV에서 봤는데, 이름은 '사파리 동물원'이야."

"나도 TV에서 봤는데 동물이 엄청 많더라."

"셋째, 누구랑 같이 갈 거야?"

"친구네 가족이랑 같이 가기로 했지."

"좋아. 자, 다음 지도를 보자. 언제 갈 거야?"

"내일 일찍 출발해서 오래오래 볼 거야!"

"와, 갑자기 나도 가고 싶다!"

옆에서 듣던 사고싶어통이 맞장구쳤어요.

"다섯째, 동물원 가는 방법은 알고 있어?"

"아니, 그냥 아빠가 가는 대로? 찾아봐야겠다."

"내 소원 지도에는 자동차, 기차, 뭘 타고 가는지 얼마나 걸리는지 썼어."

"오호, 우리 집 근처에 동물원까지 가는 버스가 있네."

"마지막으로 제일 중요한! 동물원 갈 때 필요한 돈은 얼마인지 생각해 봤어?"

"당연하지! 버스비는 아빠가 주시기로 했고, 입장료는 삼만 원이야.
가서 친구랑 먹을 솜사탕은 오천 원! 총 삼만 오천 원이 필요해."

"용돈 얼마 모았는데?"

"그걸 모를 리가 있나. 내가 모은 용돈은 삼만 칠천 원이지!"

사고싶어통의 눈이 동그래졌어요.

"와, 너 정말 똑똑하다!"

가고싶어통의 소원 지도가 완성되었어요.

쪼개통 삼총사는 소원 지도 세 장을 펼쳐 보고 서로 응원했어요.

"우리 잘 다녀와서 내일 또 만나자!"

이틀 뒤, 삼총사는 텅텅 빈 가벼운 몸으로 다시 만났어요.

사고싶어통은 게임기를 들고 왔어요.

"내가 용돈 모아 산 게임기라서 더 재밌고 더 아끼게 돼."

가고싶어통은 동물원 지도를 가져왔어요.

"이것 볼래? 난 야호 가까이에서 사진도 찍었다!"

도와주고싶어통도 '나눔 확인서'를 친구들에게 보여 주었어요.

"이것 봐, 정말 뿌듯한 날이었어!"

삼총사는 다시 용돈을 모으기로 했어요.

이렇게 쪼개통 삼총사는 새로운 소원을 하나씩 이루어 갑니다.

"재밌었어? 난 연극을 보는 동안 내가 만든 쪼개통이 계속 생각나더라."

리니의 머릿속에 묵직한 사고싶어통이 두둥실 떠다녔어요.

성격 급한 도니는 대답도 없이 쌩하니 극장 문을 나섰어요.

그러더니 종이를 흔들며 다시 뛰어 들어왔어요.

"리니야, 이거 진짜 소원 지도야. 앞에서 나눠 주는데?"

얼른 소원 지도를 만들고 싶은 리니가 외쳤어요.

"오호, 자석 큐브가 날 기다린다. 소원 지도야, 가자!"

이렇게 도와요

아이와 시작하는 주도적인 경제생활

아이가 저축에 대한 구체적인 목적을 정하고, 목적을 이루기 위해 저축하고 있다면 함께 **계획**과 **예산**을 세워 보세요. '장난감 사기'가 목적이었다면 가격이 얼마인지 알아보고, 할인이나 온라인 구매와 비교해 볼 수 있어요. 특히 놀이공원, 전시회, 여행 등 외부 활동을 앞두고 있다면 아이와 계획을 세워 보세요. 언제, 어디로, 어떤 교통수단을 이용해서 누구와 갈 것인지 계획하고, 필요한 비용은 얼마인지 예산을 세워 볼 수 있어요.

계획 짜기와 예산 세우기는 시간, 돈, 이동 수단 등 필요한 자원을 적재적소에 배치하고 자신이 하고자 하는 일을 예측, 실행, 복기하는 데 도움이 됩니다. 또 계획을 세우는 과정에서 문제 해결 능력을 키울 수 있어요. 정기 용돈이나 명절 용돈을 이용해 저축하거나 용돈 관리로 연결한다면, 성인이 되어서도 주도적이고 짜임새 있는 경제생활을 할 수 있는 기반을 마련할 수 있습니다.

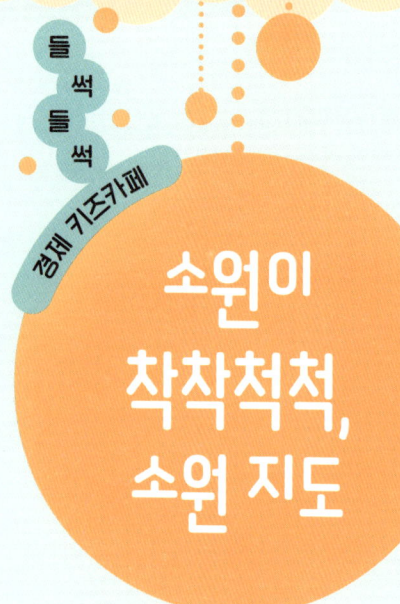

소원이 착착척척, 소원 지도

돌썩돌썩 경제 키즈카페

여행할 때 아무런 준비 없이 출발한다면, 우왕좌왕하다가 시간을 낭비할 수 있어요. 계획을 세우면 여행을 더 즐겁고 안전하게 다녀올 수 있죠. 용돈을 쓸 때도 마찬가지예요. 용돈을 어디에 쓸지, 언제 쓸지 미리 생각한다면 낭비되는 돈을 줄일 수 있어요. 쪼개통 삼총사가 하고 싶은 것을 이루기 위해 소원 지도를 만든 것처럼요. 가족과 함께 이야기해 봐도 좋고, 책이나 인터넷을 찾아봐도 좋아요. 즐겁고 알찬 시간을 위한 계획을 세워 보세요.

이렇게 해 봐요!

1. 무엇을 하고 싶은지 적어요.
2. 소원을 이루기 위한 장소가 어디인가요?
3. 누구와 함께 할 생각인가요?
4. 같이 갈 사람과 언제 가면 좋을지 이야기를 나눠 보세요.
5. 이 장소에 가려면 어떤 방법이 있을까요?
   위치한 지역을 찾아 버스, 지하철, 자동차, 자전거 등 교통수단을 정하고 이동 시간이나 거리도 알아봐요.
6. 이 장소에서 무엇을 할지 구체적으로 예상해 봐요.
   하고 싶은 것이 여러 가지라면 이동 순서를 짜 보는 것도 좋아요.
7. 교통비, 물건 구입비, 입장권, 체험비, 간식비 등 일정에 필요한 경비는 얼마인가요?

 엥? 쑈비, 그게 뭐야?

아니, 쑈가 아니고 소－비－기－한!
물건을 쓸 수 있는 날짜를 표시한 거야.
년, 월, 일, 이렇게 숫자로. 나처럼 냉장고에 있는
친구들은 거의 소비 기한이 있지.

 그게 왜 있는데? 마트에 가서 아무거나 사면 안 돼?

 으이그, 너 나를 못 먹고 버릴 참이야.
네가 마트에서 날 산다고 생각해 봐. 소비 기한이
하루 남은 걸 살래, 아니면 오 일 남은 걸 살래?

 소비 기한이 조금 남은 너?

이런, 널 어쩌면 좋니. 날 더 오래 두고 먹으려면
날짜가 많이 남은 걸 사야지.

 헤헤, 그렇네. 어이, 요거트! 근데 네 소비 기한은
어디에 있어? 안 보이는데?

나 같은 요거트는 보통 뚜껑에 있어.

 뚜껑? 진짜네. 케첩도 봐야겠다.
뭐야, 뚜껑에 없는데.

 소비 기한은 물건마다 다른 곳에 있으니까
잘 찾아봐야 해.

 옆에도 없고.

 어떤 친구는 바닥에,
또 어떤 친구는 옆면에 있기도 해.

 아, 여기 있다. 케첩은 바닥에!
꼭 숨바꼭질하는 것 같네. 그럼 내가 술래!
쑈비 기한은 숨고 나는 찾는다.

 쑈가 아니라, 소! 소비 기한이라고.

 아차차, 그렇지. 소비 기한이 얼마 남지 않은 것들은
잘 보이는 앞쪽에 두면 좋겠네.

 와, 리니 똑똑한걸?
맞아, 내가 우유 앞에 있었더라면
네가 먹고 싶을 때 바로 찾을 수 있었겠지.

 흐흐, 미안 미안. 앞으로 냉장고 정리는 내게 맡겨.
난 소비 기한 찾는 술래니까.

 좋아! 리니 너만 믿는다.

 자, 다들 꼭꼭 숨어라. 소비 기한 보일라!

"리니야, 어서 일어나야지. 토요일이라고 늦잠이야?"
엄마 목소리에 꿈에서 깬 리니는 벌떡 일어나
냉장고로 달려갔어요. 냉장고 문을 열고 요거트를 찾더니,
소비 기한을 확인하고 맨 앞으로 꺼내 놓았어요.
"휴, 다행이다. 며칠 안 남았었네."

주체적인 소비자로 키워요

소비 기한 표시제는 식품을 섭취했을 때 소비자의 안전에 이상이 없을 것으로 인정되는 기한이에요. 2023년 1월부터 사용된 제도고요. 아이들과 함께 놀이처럼 일상 속 물건에서 소비 기한을 찾아보고, 대화하며 그 의미를 생각해 보세요. 물건의 포장재에는 소비 기한뿐만 아니라 성분, 열량, 재료의 원산지, 식품안전관리인증(HACCP), 환경성적표지(탄소 발자국), 보관법 등도 표시되어 있어요. 소비 기한 대신 제조일이 표시된 식품도 있고요. 아이스크림 같은 경우 제조일로부터 1년 이내라면 먹을 수 있다고 해요. 그러나 먹는 음식의 경우는 변질되지 않았는지 잘 살펴야 해요. 일상에서 쉽게 접할 수 있는 경제 정보를 찾아보는 것만으로도 돈을 지혜롭게 쓰는 법을 배울 수 있답니다. 이런 생활 속 습관이 아이를 주체적인 소비자로 성장하게 하고요. 작은 호기심이 시장 경제에 관한 관심으로 확장되는 교육, 우리 집과 주위 환경을 주의 깊게 바라보는 경제 습관에서 시작됩니다.

들썩들썩 경제 키조카페

숨은 숫자를 찾아라!

과자를 먹을 때 겉봉투를 살펴본 적이 있나요? 작은 글씨와 숫자가 빼곡히 쓰여 있어요. 그 안에 여러분이 먹어도 되는 날짜, 소비 기한을 나타내는 숫자가 숨어 있죠. 하지만 모든 물건에 소비 기한이 적혀 있지는 않아요. 보통 음식이나 의약품, 화장품에 소비 기한이 있어요. 물건마다 소비 기한이 표시된 위치, 색, 모양도 다 다르고요. 그렇다고 너무 어려워하지 마세요. 소비 기한을 자주 찾다 보면 쉽게 알 수 있거든요. 숨은그림찾기처럼 놀이하듯 즐거운 마음으로 찾아보세요. 물건을 낭비하지 않고 현명하게 사용할 수 있는 최고의 방법이니까요.

이렇게 해 봐요!

1. 집 구석구석을 돌아다니며 그림에 있는 물건들을 찾아 소비 기한이 어디에 있는지 살펴봐요.
2. 소비 기한이 있는 물건에는 O, 없는 물건에는 X를 해 보세요.
3. 소비 기한 찾기에 자신감이 생겼다면, 그림에 없는 물건을 여러 개 세워 놓고 가족이나 친구와 함께 번갈아 가며 소비 기한을 찾아보세요. 즐겁게 놀면서 지혜로운 소비자로 거듭날 수 있어요.

소비 기한 찾기 O X

4 쓰레기 보물찾기

"오늘이 무슨 날인지 아는 사람?"

리니가 공원에 모인 용도니와 주머니에게 퀴즈를 냈어요.

"내 생일은 아니고, 네 생일도 아니고, 머니 생일도 아닌데."

"나 알아! 지구의 날이지?"

"지구가 왜? 지구가 태어난 날이야?"

리니가 도니 말에 고개를 절레절레 흔들었어요.

"지구를 위해 주는 날, 환경에 대해 생각해 보는 날!"

마침 공원에서는 지구의 날 행사로 보물찾기가 한창이에요.

그런데 안내 문구가 좀 이상해요. 도니가 고개를 갸우뚱했어요.
"보물찾기 아니었어? 쓰레기를 찾아오라는데?"

오늘은 우리의 삶터 지구에게 고마워하고
지구를 편하게 해 주는 날입니다.
공원 곳곳에서 재활용 가능 표시가 있는
쓰레기를 찾아오세요.

"일단 저 세모 화살표만 찾자. 먼저 간다!"
마음이 급한 리니가 커다란 나무로 뛰어갔어요.
머니는 가로등 아래에서 금방 두 개를 찾았어요.
"찾았다. 케첩 통이랑 참치 통조림에 세모 화살표!"
모래 놀이터로 간 도니도 두 개를 찾아왔어요.
아직 하나도 찾지 못한 리니는 연못 근처를 살폈어요.
연못 물가에서 누군가 버린 라면 봉지가 수상하게 퍼덕거렸어요.
리니는 가까이 가서 봉지 안을 들여다보았어요.

"금붕어잖아. 아휴, 불쌍해…. 왜 이런 걸 뒤집어쓰고 있어."
리니가 금붕어를 꺼내 주려는데, 머니가 지나가다가
얼굴을 찌푸렸어요.
"으, 징그러워. 미끈거리잖아."
"그래도 꺼내 줘야지. 이대로 두면 죽을 수도 있잖아."
리니는 봉지를 들어 올려 금붕어를 꺼내 놓아주었어요.
금붕어가 물가에서 뱅글뱅글 돌더니 물속으로 헤엄쳐
사라졌어요. 지켜보던 머니도 덩달아 뿌듯한 마음이에요.
그때예요. 봉지를 들고 있는 리니의 눈에 세모 화살표가
반짝 들어왔어요.
"어, 보물 찾았다!"
재활용 보물을 잔뜩 찾아온 친구들은 행사장에 있는
선생님을 찾아갔어요.
"와, 정말 많이 모아 왔구나!"
"선생님, 그런데 재활용이 뭐예요?"
"쓰레기 중에 다시 쓸 수 있는 것을 다시 사용한다는 말이에요.
그런 쓰레기를 나누어 버리는 걸 재활용 분리배출이라고 하고요."
"아, 그럼 우리가 찾은 보물은 재활용할 수 있는 쓰레기였네요."

머니의 케첩 통은 플라스틱, 통조림은 캔.
도니가 찾은 박스는 종이, 딸기잼 병은 유리.
리니의 라면 봉지는 비닐.

"그렇지. 이 세모 표시가 재활용할 수 있다는
뜻이란다."
리니와 친구들은 자신이 찾은 보물을
재활용 분리배출함에 각각 나누어 담았어요.
보물을 열심히 찾은 친구들에게는
특별한 선물이 기다리고 있었어요.

"와, 연이다!"

"이 연은 비닐을 재활용해서 만든 연이란다."

리니, 도니, 머니는 재활용 연을 하나씩 손에 들었어요.

"이게 바로 지구를 살리는 연이라는 거지? 높이 날려 보자!"

이렇게 도와요

우리 아이를 미래 인재로, ESG 역량

최근 지구 환경과 지속 가능한 발전에 관한 관심이 늘면서 기업의 **ESG 경영**이 필수 전략으로 자리 잡고 있어요. ESG는 환경(Environment), 사회(Social), 지배 구조(Governance)의 약자예요. 기업 활동에 **친환경, 사회적 책임 경영, 지배 구조 개선** 등을 고려하여 지속 가능한 발전을 추구하는 경영 방침입니다. 특히 환경에 대한 책임은 최근 정부와 기업을 넘어 공동체와 소비자 개인의 책임으로 확대되고 있어요. 그에 따라 미래를 이끌 인재가 갖춰야 할 역량 또한 환경에 대한 인식과 실천을 빼놓을 수 없어요. 환경 보호에 관심을 가지고 실천하는 일은 아이들이 자신의 미래를 준비하는 데 필요한 배움이기도 합니다.

환경 운동에 앞장서고, 법을 바꾸는 일만이 환경에 대해 책임지는 일이 아니에요. 생활 속에서 꾸준히 할 수 있는 일을 찾고 실천하는 게 중요합니다. 모두가 살기 좋은 세상이 될 수 있도록 미래를 준비하는 아이들을 앞에서 이끌어 주세요.

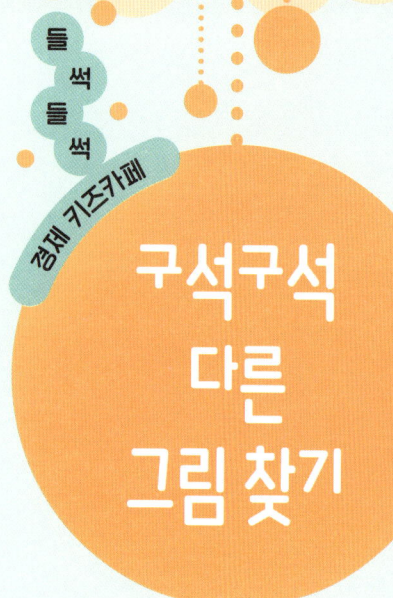

둘썩둘썩 경제 키즈카페

구석구석 다른 그림 찾기

환경을 아끼고 보호하는 실천 중 재활용 분리배출이 있어요. 넘쳐나는 쓰레기로 몸살을 앓는 지구를 위한 노력이죠. 재활용 분리배출은 조금만 신경 쓰면 누구나 할 수 있어요. 분리배출 방법을 참고해서, 두 그림의 서로 다른 부분을 찾아보세요. 그리고 잊지 마세요. 쓰레기는 적게 버리는 것이 가장 좋다는 사실!

이렇게 해 봐요!

종이류
- 골판지 박스 : 테이프, 택배 송장 등 종이류와 다른 재질은 제거해요.
- 신문, 책, 노트류 : 스프링 등 종이류와 다른 재질은 분리해요. 표지에 코팅이 되어 있는 경우에도 비닐을 분리하거나 종량제 봉투에 버려요.

플라스틱류 : 재질이 다른 제품 라벨을 제거하고, 내용물이 있다면 깨끗이 헹궈서 배출해요.

비닐류
- 더럽거나 음식물이 묻어 있으면 씻은 후 배출해요.
- 씻어 내기 어려운 비닐은 종량제 봉투에 버려요.
- 음식물을 덮은 랩은 재활용이 되지 않으니 종량제 봉투에 버려요.

병류
- 오물을 깨끗이 씻은 후 배출해요.
- 재질이 다른 뚜껑은 따로 분리해서 배출해요.

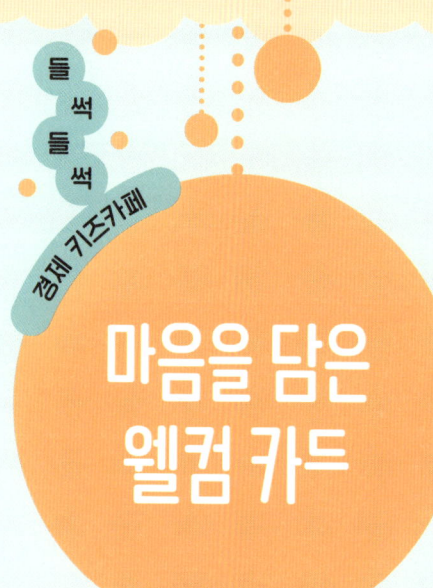

들썩들썩 경제 키즈카페

마음을 담은 웰컴 카드

택배 포장 골판지를 이용하여 우리 집을 찾아오는 손님을 위한 웰컴 카드를 만들어 봐요. 방문에 달아 둘 안내판이나 우리 집 문패를 만들어 봐도 좋아요. 버려지는 종이를 사용해 멋진 카드를 만들 수 있으니 뿌듯하고, 가족과 손님을 생각하는 따뜻한 마음이 더욱 잘 전달되니 즐거운 시간을 보낼 수 있답니다.

만들어 봐요!

준비물

택배 포장 골판지, 칼 혹은 가위, 색연필, 사인펜, 스티커 등 카드를 꾸밀 수 있는 것, 리본 테이프, 양면테이프.

※ 칼이나 가위를 사용할 때는 반드시 어른의 도움을 받아요.

1. 택배 상자는 먼지나 오물을 깨끗하게 털고 닦아서 준비해요.

2. 어른의 도움을 받아 만들 카드나 안내판 크기에 맞게 골판지를 잘라요.

3. 감사의 마음을 전할 문구를 적고, 예쁜 그림을 그리거나 스티커, 색종이를 오려 붙여 멋지게 꾸며 봐요. 환영합니다, 잠깐! 노크해 주세요, 행복한 우리 집.

4. 적당한 위치에 끈이나 예쁜 리본을 묶어 걸거나 양면테이프로 현관문이나 방문에 붙여요.

우리는 하루라도 돈을 쓰지 않는 날이 없어요.
간식을 먹거나 학용품을 살 때, 심지어 세수할 때도 물을 쓰면
쓴 만큼 돈을 내죠. 꼭 물건을 사지 않아도 미용실, 병원,
교통수단 등 다양한 서비스를 이용할 때도 돈을 써요.
일상생활에 많이 쓰이는 돈을 제대로 알면 여러분의 미래에
큰 도움이 돼요. 가진 돈을 모아 필요한 것을 살 수도 있고,
예상치 못한 일이 생겼을 때를 대비할 수 있어요.
돈을 속속들이 알고 돈과 친해지기, 이제부터 함께해요.

돈의 가치 이야기

세 번째

쓰임을
알아요

지금부터
뉴스를 시작합니다

"전 아나운서 할래요!"

"전 기자요!"

리니와 머니는 직업 체험관에 갔어요. 뉴스 방송 체험을 하기 위해 하고 싶은 역할도 정했어요. 각자 방송국 스튜디오와 박물관 현장에 나가 준비 중이에요. 곧 뉴스가 시작돼요.

3, 2, 1, 땡!

"안녕하십니까? 오늘은 박물관에 나가 있는 리니 기자를 만나 보겠습니다!"

"아, 아. 여기는 화폐박물관입니다. 돈에 대한 호기심을 풀 수 있다고 해서 찾아왔는데요, 같이 둘러보겠습니다."
첫 번째 전시장에는 동그란 동전과 네모난 지폐가 종류별로 있어요.
"여러분, 신기한 사실을 발견했습니다. 100원, 500원, 동전의 크기가 클수록 돈에 쓰인 수도 커집니다. 지폐도 한번 볼까요?"
리니 기자는 카메라와 함께 자리를 옮겼어요.
"지폐도 마찬가지입니다. 천 원, 만 원, 길이가 길수록 수가 크네요."

크기가 클수록 값이 크다

리니 기자가 벽면에 쓰인 문구를 보자마자 무언가 만들기 시작했어요. 종이를 아주 크게 자르더니, 연필로 커다랗게 숫자를 썼어요.
"보이시나요? 제가 이렇게 돈을 크고 길게 만들면 부자가 돼서 아이스크림, 과자, 초콜릿 무엇이든 다 살 수 있겠죠. 하하하!"

스튜디오에 있던 머니 아나운서가 리니 기자를 말렸어요.

"가짜 돈은 안 됩니다! 돈은 약속된 진짜 돈만 쓸 수 있어요."

리니 기자가 부끄러운 듯 쭈뼛쭈뼛 종이를 내려놓고

자리를 옮겼어요.

두 번째 전시장에는 '진짜 돈을 알아보는 법'이 정리되어 있어요.

불빛을 비추면 만 원짜리에 세종대왕이 나타난다 기울이면 WON이 나타난다

"정말 신기합니다. 리니 기자처럼 가짜 돈을 쉽게 만들지 못하도록 한 기술이군요."

"아하하, 맞습니다…. 그럼 이 엄청난 기술을 누가 만들었을까요?"

리니 기자는 재빨리 세 번째 전시장으로 자리를 옮겼어요.

"찾았습니다. 돈은 한국조폐공사에서 만듭니다."

머니 아나운서가 가장 궁금한 점을 물었어요.

"그럼 돈이 필요할 때 한국조폐공사에 가서 달라고 하면 되나요?"

"무슨 그런 말씀을. 어른은 일해서 돈을 벌고, 어린이는 용돈을 받을 수 있습니다."

네 번째 전시장에 들어서자 화려한 ○× 퀴즈판이 번쩍번쩍 눈길을 사로잡아요.

1. 지폐는 소중하니까 내 이름을 적어 놓는다.
2. 다른 사람의 돈을 함부로 가져가면 안 된다.
3. 돈을 버는 일은 어떤 노력도 필요하지 않다.

"자, 저와 함께 시청자 여러분도 풀어 보시죠."

"저는 아깝게도 하나 틀렸습니다. 정답은 ×, ○, × 입니다. 몇 개나 맞히셨나요? 지금까지 화폐박물관에서 리니 기자였습니다."

스튜디오에 있는 주머니 아나운서가 뉴스를 마치며 마무리 말을 전했어요.

"우리가 쓴 돈은 다른 사람에게 가기도 하고 우리에게 다시 올 수 있어요. 돈이 더럽고 찢겨 있다면 잘 쓸 수 없겠죠. 돌고 도는 돈을 소중히 다루길 바랍니다. 감사합니다."

이렇게 도와요

지혜로운 경제생활의 첫발, 열린 돈 교육

"돈 있어요?", "우리 집에 돈 많아요?", "아빠는 돈을 얼마 벌어요?".
아이들은 부모에게 종종 돈에 관해 묻곤 합니다. 이런 물음에 어른은 '왜 물어보지?', '벌써부터 돈을 밝히나?'라며 걱정이 앞서기도 하죠. 너무 염려하지 마세요. 아이가 돈을 이야기하는 이유는 갖고 싶은 것을 얻기 위한 수단으로써의 돈을 알기 시작했기 때문이에요. 동시에 아이들이 돈에 대한 합리적 사고를 할 줄 안다는 증거이기도 합니다.
아이들의 물음에 "나중에 커서 알아도 돼."라고 말하기보다 돈은 목적을 이루기 위한 도구임을 정확하게 알려 주세요. 돈을 대하는 지혜롭고 올바른 태도를 배우려면 어릴 적부터 돈에 관심을 두고 '어떻게 하면 잘 사용할 수 있을까' 고민해 보는 것입니다.
화폐박물관을 견학하며 궁금증을 푸는 것도 좋은 방법이에요. 아이들의 지혜로운 경제생활의 시작을 돈에 대한 열린 마음으로 함께 만들어 보세요.

✦ 한국은행 화폐박물관(서울)　www.bok.or.kr/museum/main/main.do
✦ 한국조폐공사 화폐박물관(대전)　museum.komsco.com/museum

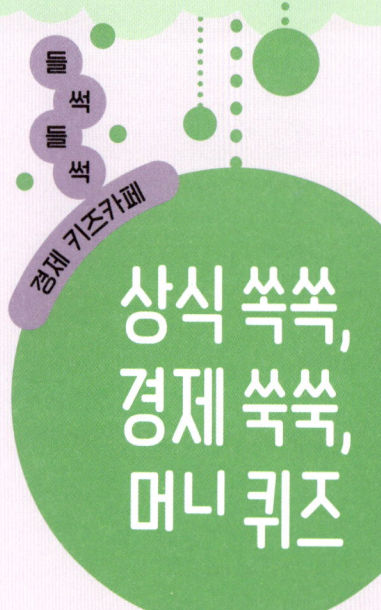

상식 쏙쏙, 경제 쑥쑥, 머니 퀴즈

보통 용돈을 받거나 세뱃돈을 받으면 '어디에 쓸까'를 먼저 생각해요. 돈이 어떻게 생겨났고 어디에서 만드는지에 대해서는 관심이 적죠. 화폐박물관에서 살펴보았듯 백 원보다 오백 원짜리 동전의 크기가 크고, 천 원보다 만 원짜리 지폐 길이가 길어요. 화폐의 크기가 클수록 돈의 값어치도 크고요. 돈의 생김새뿐만 아니라 돈에 대해 다양하게 아는 것은 경제를 알기 위해 꼭 필요한 일이에요. 돈에 관한 머니 퀴즈로 재미있는 경제 상식도 배우고, 지혜로운 경제생활을 시작해 보세요. 그리고 돈이 더 궁금하다면 부모님과 대화하기, 책 찾아보기, 인터넷 검색하기, 견학 가기 등으로 한 발짝 더 나아가요.

퀴즈 1

지폐 속 위인은 누구일까요?

한국 지폐에는 역사를 빛낸 위인이 그려져 있어요. 각 지폐 속 인물에 대한 힌트를 보고 누구인지 맞혀 보세요. 모두 맞혔다면 지폐 속 빈칸에 내 모습이나 가족, 친구의 모습을 그려 주인공이 되어 보면 어떨까요?

1501년~1570년, 조선을 대표하는 유학자입니다. 성리학을 체계화하고 도산 서당을 세워 제자를 기르는 데 힘썼습니다.

1536년~1584년, 조선 시대 최고의 성리학자이자 정치가입니다. 사회 개혁을 주장하며 백성의 이익을 중요하게 여겼습니다.

1397년~1450년, 조선의 제4대 왕입니다. 훈민정음을 창제하고 농업과 과학 기술의 기틀을 마련했습니다.

1504년~1551년, 조선 중기의 화가이자 문인으로, 율곡 이이의 어머니입니다.

퀴즈 2

한국에서 사용되는 화폐 종류를 모두 더하면 얼마일까요?

한국에서 쓸 수 있는 동전과 지폐를 한 종류씩 모두 더하면 얼마일까요? 먼저 동전은 동전끼리, 지폐는 지폐끼리 더해요. 자릿수가 쓰인 빈 칸을 채워 가면서 더하면 쉽게 알 수 있어요.

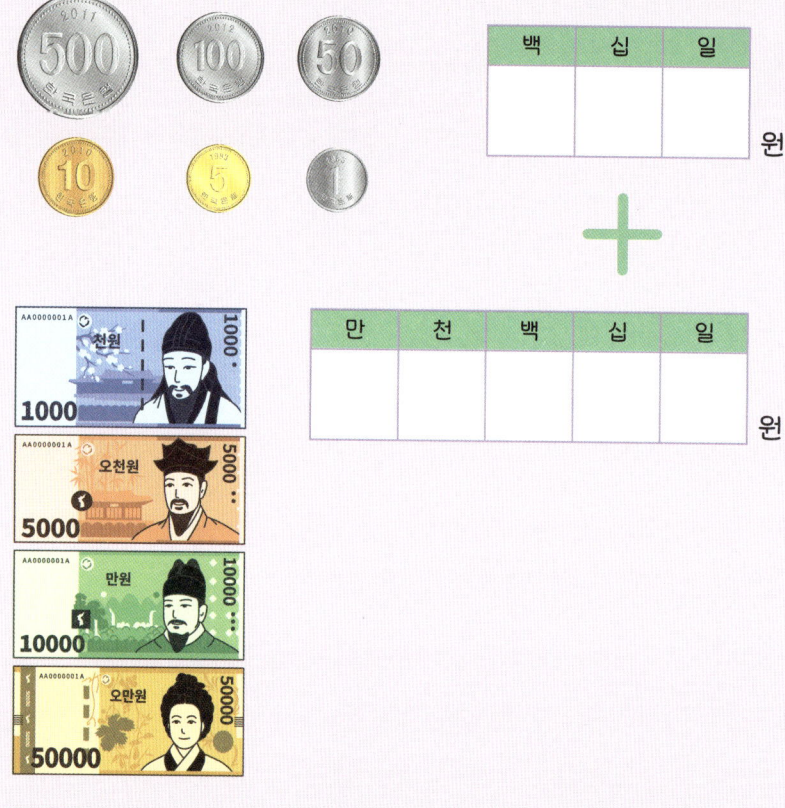

리니와 머니는 새로 나온 책을 구경하러 서점에 갔어요.
서점 입구 베스트셀러 코너에서 《어린이를 위한 돈 이야기》라는
만화책을 발견했어요. 둘은 머리를 맞대고 읽기 시작했는데,
읽으면 읽을수록 돈이 점점 궁금해졌어요.
"난 엄마가 동전으로 계산하는 거 한 번도 못 봤어."
"나도. 왜 잘 안 쓰시지?"
리니와 머니는 서점 계산대를 멀리서 관찰하기로 했어요.
사람들이 평소에 어떤 돈을 쓰는지 궁금했거든요.
오 분이 흘렀어요. 책 한 권을 사는 할아버지는 카드를,
세 권을 들고 있던 아주머니는 상품권을 내고
거스름돈을 받았어요. 교복을 입은 학생은
만 원짜리 두 장을 내고 거스름돈을 받았고요.
리니는 거스름돈을 받아야 하는 지폐보다
카드 한 장이 편해 보였어요.
"용돈을 카드로 받으면 좋겠다."
리니가 동전과 지폐만 있는 지갑을 아쉬운 듯 만지작거렸어요.
"어, 리니야. 너희 아빠신데? 책 사러 오셨나 봐. 두구두구두구,
너희 아빠는 과연 뭘 내실까?"

"아마도 아빠는 카드를 내실 거야."

리니는 자신만만해요. 그러나 리니 아빠가 내민 건….

"엥, 스마트폰?"

"전화기를 돈처럼 쓸 수 있다고?"

머니도 목소리가 커졌어요.

"어른들은 도대체 돈이 몇 개야?"

리니는 서점 문 닫을 때까지 있으려나 봐요.

머니도 덩달아 탐정이라도 된 듯 계산대를 뚫어지게 보았어요.

그때예요. 머니와 리니 앞으로 검은 그림자가 드리웠어요.

"너희들 여기서 뭐 하니?"

"앗, 깜짝이야!"

리니 아빠예요. 리니와 머니는 나쁜 짓이라도 하다 들킨 듯 화들짝 놀랐어요.

"휴~ 난 서점 주인인 줄 알았네."

리니 아빠의 손에 《어린이를 위한 돈 이야기》가 들려 있어요.

아까 읽다 만 바로 그 책이에요.

"아빠, 이 책 저 주려고요?"

"그래. 요즘 리니가 돈에 관심이 많은 것 같아서.

집에 가서 같이 볼까? 머니도 함께 가자."

리니는 돈에 대해 알수록 경제 공부에 자신이 생겼어요.

미국 여행을 가기 위해 돈을 모으는 머니도 경제가 무엇인지

점점 궁금해졌고요. 아빠가 사 주신 책을 다 읽고 나면

꼬마 경제 박사가 되어 있지 않을까요?

리니와 머니는 설레는 마음을 안고 집으로 향했어요.

다양한 카드 개념, 쉬운 대화법

결제 수단인 플라스틱 카드는 아이들이 보기에 모두 같아 보일 수 있어요. 카드 종류에 따라 지불 방법이 어떻게 다른지 알려 주세요. 아이들 눈높이에 맞춰 쉽게 설명할 수 있도록 카드 개념 대화를 소개합니다.

선불 카드 : 쓰고자 하는 금액만큼 먼저 지불해요.

> 필요한 금액을 미리 약속된 카드에 담아 두면
> 쓸 때마다 잔액이 줄어들게 돼.
> 지역 화폐용 발급 카드나 충전식 교통 카드가 있어.

직불 카드 : 은행의 계좌에 넣어 둔 돈만큼 쓸 수 있어요.

> 우리는 은행에서 언제든 돈을 넣고 뺄 수 있는 계좌를 만들 수 있어.
> 그 계좌에 넣은 돈만큼만 쓸 수 있는 카드도 만들 수 있지.
> 이 카드를 활용하면 편리하게 물건을 계산할 수 있단다.
> 현금 IC 카드나 체크 카드가 있어.

후불 카드 : 카드로 쓰는 돈을 빌려드립니다.

> 금액에 맞게 카드 회사로부터 돈을 먼저 빌려서 쓴 뒤,
> 정한 날짜에 쓴 만큼 되돌려줘야 하는 카드야.
> 그래서 내가 갚을 수 있는 만큼 쓰는 것이 중요해. 신용 카드가 있어.

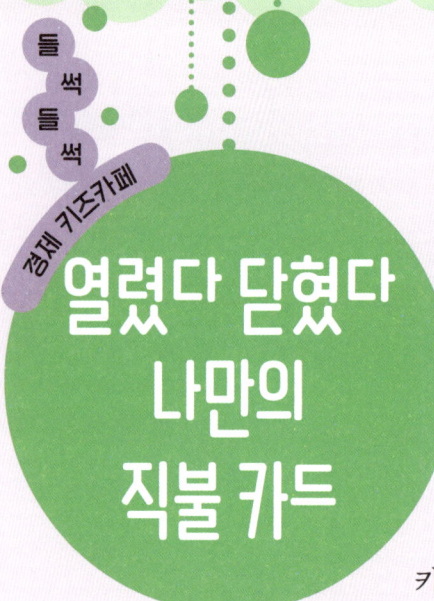

열렸다 닫혔다 나만의 직불 카드

경제 기초카페
들썩들썩

돈을 다른 말로 화폐라고 해요. 요즘은 화폐를 더욱 편리하게 쓰기 위해 카드나 모바일 페이 같은 전자 화폐가 많이 쓰여요. 지갑 속에 동전과 지폐를 넣고 다니지 않아도 플라스틱 카드 한 장, 스마트폰만 있으면 쉽게 물건을 살 수 있어요. 거스름돈도 필요 없고요.

하지만 기억하세요. 전자 화폐는 돈을 마음껏 쓸 수 있는 것이 아니에요. 가진 돈만큼 써야 하는 '보이지 않는 돈'이거든요.
안 쓰는 카드와 색종이를 활용하여 나만의 직불 카드인 봉투 카드를 만들어 봐요. 완성된 봉투 카드에는 돈을 넣을 수 있어요. 마트 놀이를 하거나 실제로 계산할 때 사용해 봐요. '카드 안에 넣은 돈만큼'만 쓸 수 있다는 점, 꼭 기억하고요!

만들어 봐요!

준비물
색종이(15×15cm), 안 쓰는 카드, 유성펜, 투명 테이프 혹은 풀, 양면테이프.

1. 색종이를 대각선으로 접어 세모가 되도록 만들어요.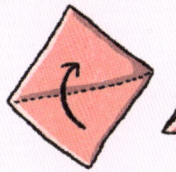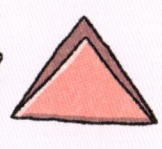

2. 세모의 가장 윗부분을 내려 접어요. 아래쪽에 1cm 공간을 남기고요.

3. 양옆을 가운데 접은 부분과 겹치지 않도록 안쪽으로 접어요.

4. 가운데 접은 부분의 겉장만 다시 펼쳐 올리면 넣을 수 있는 공간이 생겨요.

5. 나머지 접은 부분 전체를 테이프와 풀로 고정해요.

6. 봉투 뒷면에 양면테이프로 준비한 카드를 붙여요.

7. 봉투 앞면에 서명을 해요. "내 사인~~"

8. 용돈이나 놀이 화폐를 봉투 안에 넣으면, 나만의 직불 카드 완성!

엄마가 수상해

리니는 요즘 엄마가 매우 수상해요. 매일 밤 리니가 먼저 자면 무엇인가를 열심히 하시거든요.

'혹시… 나 몰래 라면을? 아니면 새로 나온 게임을?'

리니는 오늘 밤에 꼭 엄마가 무엇을 하시는지 알아내기로 결심했어요.

그날 밤, 자는 척하던 리니는 역시나 수상한 엄마의 모습을 발견했어요. 거실 불이 켜져 있고, 어깨를 들썩이는 엄마의 뒷모습에 리니는 확신했어요.

'라면! 설마 라면을 엄마 혼자? 후루룩 짭짭?'

그런데 가만히 더 지켜보니 엄마는 펜을 들고 수첩에 뭔가를 적고 계셨어요.

이튿날 아침, 리니는 어젯밤 엄마가 쓰던 수첩이 머릿속에 계속 맴돌았어요. 그래서 거실 책장에 꽂아 둔 수첩을 찾아 몰래 열어 보았죠.

8월 리니를 위해 쓴 돈

	날짜	항목	금액
1.	8월 1일	아이스크림	2,000원
2.	8월 3일	워터파크	58,000원
3.	8월 8일	태권도 학원	150,000원
4.	8월 15일	버스비	800원
5.	8월 23일	병원(감기)	9,200원
6.	8월 28일	저축	80,000원

합계: 300,000원

"8월에 내가 쓴 돈이라고? 뭐가 이렇게 많아."

마침 외출했던 엄마가 돌아오셨어요.

"리니, 뭐 해? 가계부 보는 거야?"

가계부는 가족이 쓰고 벌고 모으는 돈들을 적는 수첩이에요.

"아… 그게…. 엄마가 쓴 이 수첩이 궁금해서…."

"리니가 요즘 궁금한 게 많네, 호호."

돈은 마트뿐만 아니라 학원, 병원, 은행 곳곳에서 쓰였어요.

리니는 문득 호기심이 생겼어요.

"엄마, 마트에서 쓴 우리 집 돈은 어디로 가요?"

"오, 리니가 돈에 대해 궁금한 게 또 생겼구나?

여기저기로 가지. 돈은 여행을 좋아해."

엄마가 신나서 하얀 도화지에 화살표를 그리며 설명했어요.

리니가 아이스크림을 사 먹으면 리니 집의 돈이 마트로 가요. 마트 주인은 아이스크림을 팔아서 돈을 벌고요. 아이스크림으로 번 돈 중 일부는 아이스크림을 만든 회사에 줘요. 아이스크림 회사에는 아이스크림을 만드는 직원이 많아요. 회사가 번 돈 중 일부는 직원의 월급이 돼요. 그러니까 리니가 아이스크림을 사면서 쓴 돈은 돌고 돌아 직원의 월급이 되기도 해요!

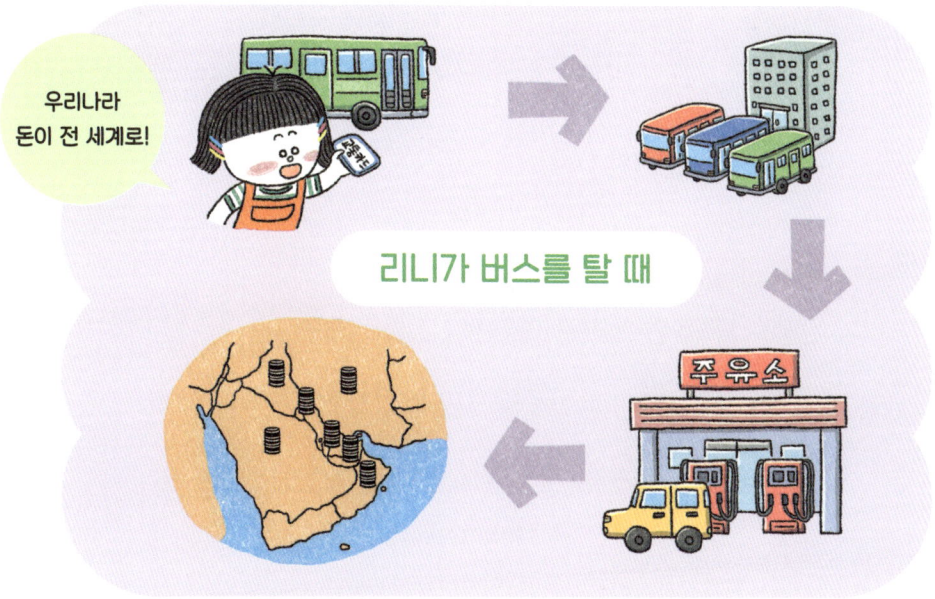

리니가 버스를 타면 교통 카드에 있던 돈이 버스 회사로 가요. 버스 회사는 그 돈으로 주유소에서 버스에 기름을 넣어요.

주유소는 다른 나라에서 사 온 기름을 사요. 그 나라를 산유국이라고 해요.

산유국은 땅속에서 기름을 캐내는 나라예요. 그러니까 리니가 낸 버스 요금 중 일부가 돌고 돌아 기름이 나는 나라까지 간 거예요!

리니가 은행에 저축하면 계좌에 '예금한다'고 표현해요.

은행은 리니 집에서 저축한 돈과 다른 사람들이 저축한 돈들을 모아 돈이 필요한 사람에게 빌려주기도 하는데 이것을 '대출'이라고 하고요.

"내 돈을 다른 사람이 가져간다고요? 안 돼요!"

리니가 걱정하며 손사래를 쳤어요.

"리니야, 걱정 마. 리니가 저축한 돈은 리니가 필요할 때 언제든 다시 찾을 수 있어."

리니가 안심하며 숨을 내쉬는데, 갑자기 크게 꼬르륵 소리가 났어요.

"엄마, 오늘 너무 많은 걸 배웠더니 배가 고파요! 특별히 라…면… 먹으면 안 돼요? 제발요."

"에구, 알았어. 라면 사서 끓여 먹자!"

이렇게 도와요

가계부로 배우는 움직이는 돈

다양한 돈의 쓰임을 아이에게 알려 줄 때 가계부를 이용하면 좋아요. 가족이 한 달 동안 사용한 돈을 항목별로 찾아볼 수 있으니까요. 아파트 관리비 고지서를 살펴봐도 좋아요. 돈을 어떤 항목에 쓰고 있는지, 어떤 목적으로 저축을 하고, 왜 대출을 받았는지 알면 가정 경제를 바라보는 시선이 달라질 수 있어요. 항목에 대해 배우다 보면 어려운 경제 시사 용어도 배울 수 있고요.

용돈이 적더라도 용돈 기입장을 쓰면 아이들이 좀 더 주체적이고 합리적인 경제를 이해하는 데 도움이 됩니다. 용돈의 쓰임을 항목별로 적어 보고 아쉬운 점, 잘한 점을 돌아보는 연습이 되어야 큰돈도 잘 다룰 수 있어요. 가정에서 시작하는 돈 교육이 아이들의 건강한 자립을 이끌어 주는 열쇠입니다.

예상치 못한 엄마의 허락에 리니는 신나서 폴짝폴짝 뛰었어요.

7. 8월 31일   라면 3개   2,500원

리니가 엄마의 가계부 맨 아랫줄에 라면값을 적으며 물었어요.

"엄마, 저도 용돈으로 가계부 쓸 수 있어요?"

"오호, 좋은 생각이네. 그럼 오늘부터 용돈 기입장 써 보자. 아, 라면을 리니 용돈으로 사면 어떨까?"

"아잉, 그건 아니죠."

우리 집 머니머니 빙고

들썩들썩 경제 기초가배

부모님은 어디에서 돈을 가장 많이 쓸까요? 가족 모두가 건강하고 맛있는 음식을 먹고 예쁜 옷과 필요한 물품을 사기 위한 마트뿐만 아니라, 다양한 곳에 많은 돈이 쓰여요. 매일 사용하는 전기, 가스, 수도 같은 생활비와 이동에 필요한 교통비도 있어요. 아플 때 쓰는 병원비, 교육을 위한 학원비, 미래를 위해 모으는 저축도 있죠. 다양한 항목을 알면 소비하는 돈을 꼼꼼하게 관리할 수 있어요. 여러분 가족이 어떤 항목에 돈을 쓰는지 알아봐요. 잘 모르는 단어는 어른에게 여쭤봐요. 돈이 쓰이는 항목을 하나씩 알아보았다면, 가족과 친구와 재미있는 빙고 게임을 해 보세요!

이렇게 해 봐요!

1. 빙고 게임을 할 사람을 모은 뒤, 각자 가족이 사용하는 돈 항목을 찾아 □에 ✓ 표시를 하세요.
2. 각자 선택한 항목 중 16가지를 골라 가로 4칸, 세로 4칸짜리 빙고 판에 적어요.
3. 순서를 정해 항목을 불러 지워 가며 빙고 게임을 즐겨요.
4. 가장 먼저 4줄 빙고가 완성되면 외쳐요. '머니 빙고!'

생활비
- ☐ 전기
- ☐ 수도
- ☐ 가스
- ☐ 생활용품
- ☐ 미용비
- ☐ 의류·잡화비
- ☐ 수리비

식비
- ☐ 장보기
- ☐ 외식비
- ☐ 배달 음식
- ☐ 간식비

의료비
- ☐ 병원
- ☐ 약국
- ☐ 한의원
- ☐ 안경점

교통비
- ☐ 버스
- ☐ 지하철
- ☐ 택시
- ☐ 기름값
- ☐ 과태료
- ☐ 통행료

우리 집 돈은 어디로?

통신비
- ☐ 스마트폰
- ☐ TV 수신료
- ☐ 인터넷
- ☐ OTT 서비스

교육비
- ☐ 학원
- ☐ 학용품
- ☐ 책
- ☐ 문제집

운동 및 여가
- ☐ 공연
- ☐ 전시
- ☐ 영화
- ☐ 취미 활동비
- ☐ 체험 활동비
- ☐ 게임
- ☐ 오락실
- ☐ 운동
- ☐ 여행

할부 및 대출
- ☐ 자동차
- ☐ 신용 카드
- ☐ 집

미래를 위한 준비
- ☐ 저금통
- ☐ 저축
- ☐ 보험료
- ☐ 연금
- ☐ 투자

기타 비용
- ☐ 선물
- ☐ 경조사비
- ☐ 반려동물 돌봄
- ☐ 구독료
- ☐ 자녀 용돈
- ☐ 기부 및 헌금
- ☐ 세금

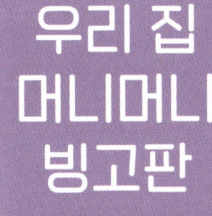

이렇게 도와요

- **구독료** : 신문, 잡지 등을 받아 보기 위하여 정기적으로 내는 돈.
- **과태료** : 법적 의무를 지키지 않은 사람에게 내도록 하는 돈. 자동차 과태료.
- **대출** : 어떠한 목적을 위해 돈을 빌리는 일.
- **보험료** : 갑작스러운 사고, 질병 시 보상을 받기 위해 미리 일정하게 적립하는 돈.
- **연금** : 노후를 편안하게 지내기 위해 미리 일정하게 저금하는 돈.
- **통행료** : 고속 도로, 다리 등 차가 일정한 장소를 지나는 데 내는 돈.
- **투자** : 더 많은 돈을 벌기 위해 현재 가지고 있는 돈을 쓰는 일.
- **할부** : 물건값을 여러 번으로 나누어 내는 일.
- **OTT** : 인터넷을 통해 영화, 드라마 등 미디어 콘텐츠를 제공하는 서비스.

가장 마음에 드는 선물

곧 리니의 생일이에요. 리니는 친구들에게 줄 생일 파티 초대장을 만들었어요. 그런데 고민이 하나 있어요.
며칠 전에 말다툼한 주머니를 초대하고 싶은데,
파티에 오지 않을까 봐 걱정이에요. 리니는 용기를 내어 모두에게 초대장을 나누어 주었어요.
처음으로 초대장을 받은 용도니의 표정이 어두워요.
"미안해. 너무 가고 싶은데, 이날은 가족끼리 캠핑하러 가기로 한 날이라서."

두 번째로 초대장을 열어 본 원하나도 난처한 얼굴이에요.

"어쩌지…. 나는 그날 충치 치료하러 치과에 가야 해."

세 번째로 초대장을 열어 본 주머니는 아무 대답이 없었어요.

파티에 온다고 하는 친구가 아무도 없자, 리니는 속상했어요.

엄마가 다른 날 생일 파티를 하자고 했지만,

리니는 꼭 생일날에 하고 싶어요.

드디어 리니의 생일날이에요. 리니는 가족과 함께 열심히

생일 파티를 준비했어요. 엄마의 특급 요리! 짜장떡볶이와

리니가 직접 고른 딸기 통통 케이크도 있어요.

하지만 리니는 친구들이 없어서 못내 아쉬웠어요. 그때예요.

띵동- 띵동! 띵동!

요란한 초인종 소리와 함께 헐레벌떡 도니가 들어왔어요.

"내가 너무 늦었지! 비가 와서 캠핑하러 못 갔어.

그래서 시간이 났지 뭐야."

뒤이어 치과를 간다던 하나가 들어와요.

"나, 왔어. 충치 치료는 안 해도 된대서 금방 끝났거든."

한 명씩 들어오는 친구들이 마치 깜짝 파티를 열어 주는

듯했어요. 리니의 입가에 환한 미소가 번졌어요.

"와, 어서 와!"

그런데 현관 앞에 쭈뼛쭈뼛 주머니가 서 있어요.

손에는 선물이 들려 있고요.

"머니다! 머니야, 어서 들어와."

리니는 화를 풀고 파티에 와 준 머니가 정말 고마웠어요.

볼이 발그레한 머니도 활짝 웃고 있어요.

드디어 리니의 생일 파티가 시작되었어요. 친구들은 축하

노래를 부르고 가지고 온 선물을 건네요. 스티커 10종 세트,

캐릭터 인형, 곤충 채집통. 모두 리니가 평소에 가지고 싶었던

것들이에요. 선물을 가지런히 정리한 뒤 리니가 물었어요.

"오늘 내가 받은 선물 중에 가장 마음에 드는 게 뭐게?"

"당연히 내 거지?"

친구들이 서로 자기 선물이라고 대답했어요.

"힌트는 돈으로 살 수 없는 거야."

친구들은 자신의 선물이 아니라는 생각에 실망했어요.

리니가 바로 말을 이었어요.

"자, 들어 봐! 먼저 하나의 **건강**!

충치 치료 안 해도 되니 올 수 있었잖아.

그리고 도니의 **시간**! 캠핑이 취소되어 생겼지.

마지막으로 머니의 **용기**!

용기를 내지 않았다면 오지 못했을 거야."

머니가 쑥스러운 듯 머리를 긁적였어요.

"그런데 가장 고마운 건 도니, 머니, 하나 바로 너희야!"

"헤헤, 부끄럽지만 기분이 좋은걸."

리니는 이번 생일이 평생 기억에 남을 듯했어요.

생일 선물보다 소중한 셋의 우정이 빛나는 하루예요.

이렇게 도와요

돈으로 살 수 없는 가치

현대 사회를 살아가면서 돈과 경제를 이해하고 경험하는 일은 매우 중요해요. 그러나 돈으로 살 수 없는 가치를 알고 이를 경험하는 일 또한 세계화 시대를 이끌고 살아가야 하는 아이들에게 꼭 필요한 교육입니다. 무엇보다 가정에서 해야 하는 소중한 교육이기도 하고요. 아이와 함께 공부하고 이야기해 보면 좋은 주제를 소개합니다.

1. 솔선과 기여

가족 구성원으로서 함께하는 집안일, 지역 사회의 일원으로 참여하는 자원봉사와 기부를 통해 솔선과 기여, 사회적 책임감을 배웁니다. 이것을 경험해 본 아이들이 나아가 공동체 안에서 앞장서 협업하는 능력을 발휘할 수 있습니다.

2. 친환경 인식

공원 산책, 등산, 캠핑 등 자연을 직접 체험하면 소중함을 깨닫고, 환경을 왜 보호하고 지켜야 하는지 깊이 이해하게 됩니다. 더 나아가 환경을 위한 적극적인 소비와 기부로 이어져 일상 속 실천이 이루어집니다. 친환경 인식은 미래의 지속 가능한 삶을 주도할 아이들이 갖춰야 할 중요한 역량입니다.

3. 세계 시민 의식

시민 의식(Citizenship)은 자신뿐만 아니라 타인과 공공의 권리를 존중합니다. 이러한 태도를 세계로 넓혀 사회적 책임감과 공동체 의식, 공감과 비판적 사고, 세계의 다양한 문화와 가치관을 인정하는 것이 바로 세계 시민 의식입니다. 아이들이 세계 곳곳에서 일어나는 다양한 문제에 관심 두고, 알아 가기 위해 노력할수록 살기 좋은 세상을 만들어 가는 인재로 성장할 수 있습니다.

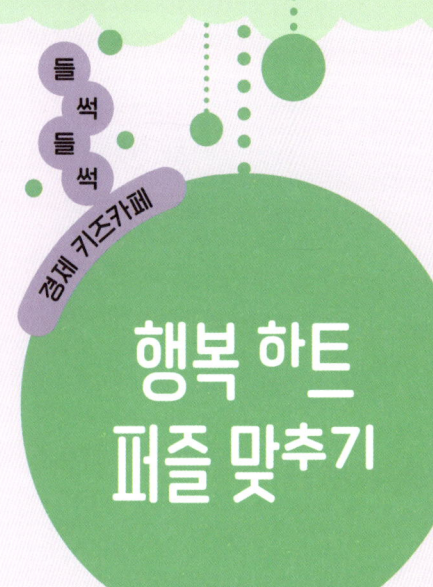

행복 하트 퍼즐 맞추기

생일 파티에는 맛있는 음식도 많고, 달콤한 케이크도 있고, 갖고 싶었던 선물도 많아서 행복해요. 돈이 있으면 모두 준비할 수 있는 것들이에요. 하지만 생일을 축하해 줄 친구와 가족이 없다면 어떨까요? 아무리 선물이 많고 멋진 케이크가 있어도 행복하지 않을 거예요. 모든 행복을 돈으로 살 수는 없어요.

우리는 가족, 사랑, 우정, 믿음 같은 돈으로 살 수 없는 소중한 가치를 깨닫게 되면 행복을 느껴요. 지난 일기장을 살펴보거나 앨범을 들춰 보세요. 땀 흘리며 친구와 함께 놀던 기억, 비 오는 날 가족과 함께한 캠핑, 나눠 먹은 초코빵 한 개 등 소소하지만 큰 행복을 찾을 수 있을 테니까요. 돈은 살기 위해 꼭 필요하지만, 행복의 전부가 아니라는 사실을 기억하세요. 그리고 하루에 하나씩 아주 작은 일도 좋으니 기뻤던 일, 감사했던 일, 행복했던 일들을 찾아보세요. 안 좋은 일에 집착하기보다 좋은 일을 찾다 보면 더 큰 행복을 누릴 수 있답니다.

이렇게 해 봐요!

1. 수박, 건강, 시간, 사랑, 꿀잠, 용기, 킥보드, 친구의 8개 퍼즐 조각을 보며 돈으로 살 수 있는 것과 돈으로 살 수 없는 것을 나눠 보세요.
2. 127쪽에 있는 퍼즐 가운데 돈으로 살 수 없는 퍼즐을 골라 오린 뒤, 행복 하트 퍼즐을 맞춰 보세요.

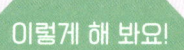

1. 퍼즐에서 찾은 것 외에 돈으로 살 수 없는 것에는 무엇이 있을까요? 다섯 가지만 네모 칸에 적어 보세요. 꿈이나 마음처럼요.
2. 아주 작은 일이어도 좋아요. 행복했던 기억을 떠올려 보세요. 그리고 그림을 그리거나 사진을 붙이고 짧은 글로 표현해 보세요.

돈으로 살 수 없는 빛나는 가치

나의 행복한 추억

- 따라 하며 배우는 슬기로운 경제생활(동영상 QR)
- 문해력 쑥쑥, 초등학생이 알아야 할 첫 경제 용어

부록

따라 하며 배우는
슬기로운 경제생활

1 리니의 골라 골라 하루

수많은 선택이 모여 하루를 알차게 만들어요. 뿌듯한 선택을 위한 고민, 리니의 하루와 함께해요.

2 전단지 마트 놀이

장을 보러 가기 전에 무엇을 챙겨야 할까요? 오리고 붙이는 전단지 마트 놀이로 계획 소비를 배워요.

3 박스는 저에게 주세요

종이 상자로 만든 시장에서 심부름 미션을 완료해요! 지폐, 카드 등 결제 수단과 거스름돈 계산까지 재미있게 배워요.

4 다른 그림 찾기

재활용 분리배출, 얼마나 쉬운지 몰라요. 자원을 지혜롭게 사용하는 습관을 차곡차곡 쌓아 보세요.

5 나는 양치컵 실험왕

양치컵을 사용하면 물을 얼마나 아낄 수 있을까요? 나도 환경을 지키는 실험왕이 될 수 있어요.

6 숨은 마크 찾기 게임

우리가 먹는 음식의 포장재에는 신기한 것이 숨어 있어요. 과연 무엇일까요? 하나씩 찾아보며 현명한 소비를 해 보세요.

문해력 쑥쑥, 초등학생이 알아야 할 첫 경제 용어

가계부 집에서 벌고 쓰는 돈을 적는 장부.

　　　가계부를 꼼꼼히 쓰면 돈의 흐름이 보여요.

가치 중요하고 소중한 것의 정도를 나타내는 말.

　　　이 책은 살 만한 **가치**가 있네.

결제 물건을 사고파는 거래를 끝맺는 일.

　　　이 장난감은 카드로 **결제**를 할게요.

경영 기업이나 사업을 잘 계획하고 관리하여 운영하는 일.

　　　회사가 성장하려면 **경영**을 잘 해야 해요.

경제 생활에 필요한 것을 만들고 쓰는 모든 사회적 활동.

　　　우리 집 **경제**가 안정되어야 나라 **경제**도 발전할 수 있어요.

계좌 금융 기관에 돈을 맡기거나 빌리기 위해
　　　 금융 기관과 고객이 약속한 일종의 금고.

　　　이 돈을 제 **계좌**에 넣어 주세요.

구매 물건을 사는 일.

　　　사고 싶었던 보드게임을 **구매**했어요.

금리 맡긴 돈 또는 빌린 돈에 따르는 이자의 비율.

> 금리가 오르면 예금한 사람은 웃지만, 대출 받은 사람은 힘들어요.

기부 다른 사람들을 돕기 위해 가진 것을 나누는 것.

> 구호 단체에 돈을 **기부**했어요.

기업 이익을 얻기 위해 제품이나 서비스를 만드는 조직체, 혹은 회사.

> 작은 가게에서 세계적 **기업**으로 성장했대요.

기회비용 하나를 선택하게 되면 포기하게 되는 다른 것.

> 피자와 치킨 중 피자를 고르면 치킨이 **기회비용**이 돼요.

대출 금융 기관에서 돈을 빌리는 일.

> 집을 사려고 은행에서 **대출** 받았어요.

만족 무엇을 얻었을 때 느끼는 좋은 기분.

> 내가 고른 장난감에 **만족**해요.

무역 나라와 나라 사이에 재화와 서비스를 교환하는 일.

> 한국은 중국, 미국, 베트남과 **무역**을 해요.

사업 물건이나 서비스를 제공하여 돈을 버는 활동.

> 새로운 **사업**을 하려고 시장을 조사하고 계획해요.

산유국 원유를 생산하는 나라.

> 미국은 세계 1위의 **산유국**이에요.

생산 물건이나 서비스를 만들어 내는 것.

　　　　　　　　　　　　빵집 사장님은 아침마다 신선한 빵과 케이크를 **생산**해요.

서비스 누군가(사람이나 동물 등)에게 생산이나
　　　　소비에 도움이 되거나 편리하도록 하는 일.

　　　　　　　　　　　　미용실에서는 머리를 감겨 주는 **서비스**를 제공해요.

세금 정부나 지방 공공 단체에서 나라 운영을 위해 필요한 돈을
　　　국민에게 거두어들이는 돈.

　　　　　　　　　　　　　　　　세금으로 학교나 도서관을 지어요.

소득 일하거나 투자하여 얻는 모든 이익.

　　　　　　　　　　　　　　　　　　아르바이트해서 **소득**을 얻어요.

소비 물건이나 서비스를 구매하여 사용하는 일.

　　　　　　　　　　　　버는 돈보다 **소비**가 많으면 우리 집 경제가 어려워져요.

소비 기한 제품이나 음식을 사용할 수 있는 기간.

　　　　　　　　　　　　　　　소비 기한이 지난 우유는 먹지 않아요.

시민 의식 사회에서 서로를 이해하고 존중하는 마음가짐.

　　　　　　　　　　　　　　　　시민 의식을 갖고 질서를 지켜요.

시장 물건이나 서비스를 사고파는 모든 거래가 이루어지는 장소나 영역.

　　　　　　　　　　　수산물 **시장**에 가면 싱싱한 생선을 살 수 있어요.

신용 빌린 돈이나 거래한 재화의 대가를 잘 치르겠다는
　　　약속을 지킬 수 있음을 보이는 능력.

　　　　　　　　　　　　　　　신용 점수가 높으면 사업에 유리해요.

예금 계약에 의해 돈을 금융 기관에 맡기는 일.

> 여행비를 모으기 위해 은행에 **예금**을 했어요.

예산 필요한 돈을 미리 예상하여 계획하는 것.

> 즐거운 여행을 위해 **예산**을 짜요.

유통 상품이 생산되어 그 상품을 사용하는 사람에게 오기까지의 여러 단계를 거치는 과정.

> **유통**이 복잡하면 물건값이 비싸요.

이자 맡긴 돈 또는 빌린 돈에 대한 대가로 받거나 내야 하는 돈.

> 은행에서 예금한 돈의 **이자**를 받았어요.

자산 돈으로 바꾸기에 충분한 가치가 있는 개인이나 단체가 가지고 있는 모든 것.

> 미래를 위해 **자산**을 관리해야 해요.

자원 물건, 기술, 노동, 시간 등 생활에 이용 가능한 모든 것.

> 물은 사람이 살아가는 데 없어서는 안 될 소중한 **자원**이에요.

재화 사람이 살아가는 데 필요한 모든 물건.

> 리니가 좋아하는 라면은 라면 회사에서 만든 **재화**예요.

저축 돈을 모아서 나중에 필요할 때 사용하기 위해 보관하는 것.

> 매일매일 저금통에 **저축**을 해요.

전자 화폐 현금을 쓰지 않고도 인터넷을 통해 사용할 수 있는 돈의 종류.

> 요즘은 어디서든 **전자 화폐**로 결제할 수 있어.

정부 나라를 관리하고 국민이 잘 살 수 있도록 돕는 조직.

> **정부**는 국민에게 세금을 걷어 국민에게 필요한 시설을 지어요.

주식 회사, 특히 주식회사 운영에 필요한 자본을 이루는 단위.

> 회사의 **주식**을 사면 회사의 주인으로서 경영에 참여할 수 있어요.

지출 돈을 쓰는 일.

> 이번 달에 생일이 많아서 **지출**이 늘었어요.

친환경 자연을 보호하고 자원을 아끼는 일.

> 딸기를 **친환경** 농법으로 키워요.

통화 한 나라에서 사용되는 돈.

> 우리나라 **통화**는 원화예요.

투자 미래에 더 큰 이익이나 좋은 결과를 얻기 위해 지금의 돈이나 시간, 노력을 쓰는 일.

> 공부를 열심히 하는 건 미래를 위한 **투자**예요.

화폐 물건이나 서비스를 사고파는 교환을 할 때 쓰이는 수단.

> 과거에는 금을 **화폐**로 썼대.

환율 나라와 나라 사이의 각기 다른 돈을 바꿀 때의 비율.

> 한국의 화폐 단위인 원에 대한 달러의 **환율**이 올라가고 있어요.

희소성 원하는 사람은 많으나 양이 충분하지 않아 부족한 상태.

> 다이아몬드는 **희소성**이 높아서 가격이 비싸요.

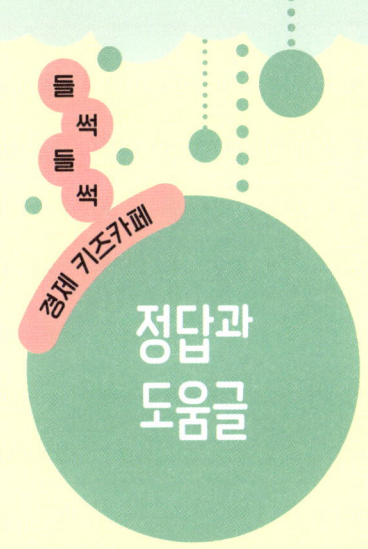

정답과 도움글

34쪽

필요해 : 휴지, 양말, 칫솔, 상처용 밴드, 물, 우산, 학용품

원해 : 비눗방울, 팝콘, 게임, 물총, 음료수, 야광봉, 곰인형

42쪽

인형 뽑기 한 판 1,000원
팝콘치킨 한 개 2,000원
딸기주스 한 잔 5,000원

43쪽

맨 뒤에 첨부된 스티커에서 만 원으로 선택하고 싶은 것들을 골라 붙여 보세요.

70쪽

우유-○, 책-×, 요거트-○, 라면-○,
물티슈-○, 로션-○, 연필-×,
토마토주스-○, 옷-×, 모기약-○,
연고-○, 상처용 밴드-○,
아이스크림-×, 설탕-×,
소금-×, 꿀-×

77쪽

7개
즉석밥 뚜껑
공책 스프링
화살표 방향
상자 테이프
물티슈 뚜껑
페트병 라벨
주스통 세척 및 라벨

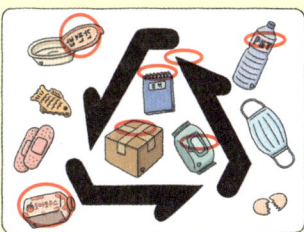

89쪽

천 원-퇴계 이황, 오천 원-율곡 이이,
만 원-세종 대왕, 오만 원-신사임당

90쪽

66,666원

115쪽

돈으로 살 수 있는 것 : 수박, 킥보드
돈으로 살 수 없는 것 : 건강, 시간, 사랑, 꿀잠, 용기, 친구